地表最強控盤工具
布林通道
實戰入門

張琨琳／著

CONTENTS

■ 前言：我為什麼要寫這本書？　　4

■ 本書內容的分章介紹　　9

Part 1　認識地表最強控盤工具——布林通道　　12

1-1　學會布林輕鬆看穿進出場時機　▶ 14

1-2　三條線的祕密——布林基礎計算　▶ 17

1-3　好還要更好—蛻變後的新布林　▶ 27

1-4　布林通道好用嗎？　▶ 30

Part 2　新布林該如何使用？　　34

2-1　證券開戶　▶ 36

2-2　啟動布林控盤　▶ 39

2-3　布林通道技術線圖設定　▶ 45

2-4　布林通道買賣參數設定　▶ 56

Part 3　觀念篇 慎選標的物，新布林讓你獲利滿滿　　60

3-1　如何尋找合適的交易標的物　▶ 64

3-2　非所有標的物均適用新布林　▶ 69

3-3　波動大才是最適合的交易標的物　▶ 76

3-4　不論何種標的物，關鍵要合適且舒服　▶ 79

Part 4	實戰篇 新布林參數實測及案例解析	82
	4-1 準備好你的武器─設置專屬你的控盤中心 ▶ 85	
	4-2 市場多變化，隨時調整你的戰鬥模組 ▶ 108	
	4-3 多樣式交易，分批進場才是上策 ▶ 121	
	4-4 盟軍協防，即刻實戰：新布林＋大勢力線 ▶ 126	
	4-5 收益複利新人生天地（獲利收益計畫）▶ 137	

Part 5	心法篇 善用新布林不斷的演練及修正	146
	5-1 模擬交易，掌握標的物股性（穩定更換收益）▶ 149	
	5-2 認識新布林的核心關鍵 ▶ 156	
	5-3 覆盤你的新布林計畫（股票、期貨）▶ 164	

Part 6	通透篇 脫胎換股新布林	170
	6-1 時間周而復始的運作 ▶ 173	
	6-2 從輕鬆交易到舒服交易，最後進入自由交易 ▶ 186	
	6-3 你看得見未來自然光明洞徹 ▶ 190	
	6-4 最後一次覆盤你的新布林交易 ▶ 193	

■ 結語　　　　　　　　　　　　　　　　　　　　　195

■ 尾聲　　　　　　　　　　　　　　　　　　　　　196

■ 番外篇　　　　　　　　　　　　　　　　　　　　198

PREFACE / 我為什麼要寫這本書？

兌現寫作的承諾

　　《在零股獲利術》、《第一本股東會攻略》兩本拙作後，經歷三年的生活轉換，目前我正舒服、愉快地在「理周教育學苑」與許多同學們分享一路走來的投資歷程。另外，為了兌現台灣廣廈出版社方總編輯（我的兄長兼好友）這三年堅忍不拔的追稿精神（這絕非常人可以堅持的，應該要出一本書，愚弟駑鈍的推薦書名《我在出版社總編輯的人生》）。

　　離題了，其另外一個主因是為了承續上一本書尾聲當中我提到的兩個寫作方向，趁著 2025 年過年期間，一次完成兩個領域的寫作計畫《投資理財：脫胎換骨新布林通道》、《廣告行銷：AISEO 巔峰搜尋引擎》；若你在廣告行銷領域遭遇困境，也歡迎收納拙作，必能使你煥然一新，徹底貫穿搜尋引擎邏輯，開啟全方位的廣告行銷思維。

　　回到撰寫這本書的起源，來自於周邊許多朋友身陷於股票、期貨交易市場中，同時這兩年在「理周教育學苑」教學過程中，也發現不少學生同樣身陷在這兩項交易市場中；為此，本書將以最簡單、輕鬆的方式，分享給目前深陷股票、期貨泥淖的交易者一套「脫胎換骨新布林通道」的獲利術，助你擺脫投資困境，邁向財富自由，也期盼能在自由、自在、輕鬆、舒適的國度與各位相遇。

遇見新布林通道真的是緣分

　　為何我要談一下新布林通道的緣起，這段過程也希望可以有一個完整的紀錄，讓大家理解每位作者在寫作過程中可能遭遇的困難；如能見到

本書破土而出，那麼便代表因緣俱足，接續只要你的勤加練習，便可擺脫身陷投資市場的窘境。

傳統布林通道有著上軌、中軌、下軌三個軌道，而這些軌道所呈現的畫面結構蠻容易讓人陷入迷失。新布林通道則是簡單的「箭頭指標」顯示多、空走向，透過清晰的畫面便可讓你快速研判短、中、長線走勢；兩者之間的最大差異之處，在於畫面清晰不干擾，隨時可以在你熟悉的趨勢間來回操作。==更重要的一點，任何時間點皆可搭配短、中、長線趨勢間進行交易==。

回到新布林通道系統供應這件事上，以目前市場券商資訊來源部分及我比較擅長使用的系統，大致上以元大證券為準；若你有其他券商系統也能夠提供更佳的技術服務，請你不吝與我分享。我的發心，即希望你能掌握全台目前最新的布林通道系統，並非其他券商沒有這套系統，而是當下最完整的訊息來源僅該證券有完整開發，並提供無償的使用模組。當然，我也希望藉由這本書的出土，可以讓更多券商一起加速新布林通道的系統升級，這樣便是全市場投資者之福。

緣分俱足，便是本書破土而出的時刻。寫下這段話，只能用三個字形容：珍惜、珍惜、再珍惜。感謝任何有機會能讓本書順利發行的每個人、事、物的參與及協助。另外大圓滿的俱足更需要專心、好學新布林通道的投資者，這肯定是一條快速邁向財富自由的捷徑。因此，在你學習的過程中，唯有堅定的信仰，才能讓你融會貫通，將此技法發揮到極致。

確認自己的學習曲線商品，並找尋合適的交易模組

我想先釐清一位投資者是否需要購買本書，並簡明敘述兩個理由與原因，主要是幫助你判斷自己能否在本書中獲得所需的知識與答案，或藉此找到適合自己的交易模組。這兩項進入投資市場前的重要自我檢視工作分別為：一、優先了解自己屬於何種交易型態的投資人；二、審視並尋找對應的投資商品。這是任何投資人在展開投資工作前，必須先行剖析的重

要步驟。藉由這樣的研判後，你才能更加倍清晰的選擇一本合適自己的書籍，以下就是我想引領你進入投資前的自我檢視工作。

首先，了解你是屬於何種交易型態的投資人，後續再談談你想要選擇的投資商品有哪幾種，這些都是要優先確認的自我檢視工作。

一、交易型態的判定： 對於新手來說，這個問題可能稍感困惑，但你可以試著這樣思考—自己在生活中的個性是偏向主動積極型，還是偏向被動慵懶型（也就是比較消極，喜歡輕鬆、無憂無慮的生活方式），如果你是前者，那麼本書將提供你一套完整的技術分析學習曲線及最佳輔助工具。換言之，請優先購買本書並細細咀嚼，相信這將是一本能引領你進入投資市場的好書。若你是後者，並不代表你不適合購買本書；俗話說得好，「人有一技之長，不愁家裡無糧」，在投資市場裡也是一樣的。有本好書及技術分析系統來幫助你避開不必要的投資風險，並快速累計個人資產，這樣的好書能不擁有嗎？有機會透過此書的完整教學，讓你直接進入清晰、靜心的交易環境系統內，何不大膽學習？並愉快享受投資獲利為你帶來的財富自由。

如果透過個性的檢視仍無法為你定義你為何種交易型態的投資人，也沒關係，我用簡單的對應關係來直接答覆這個問題。在整個投資市場上，每一位投資人終究都會有買、賣的交易行為，這交易的頻率高低亦可決定你為何種類型的投資人。在市場上不喜歡頻繁買、賣交易的投資人，我會定義你為「存股」，就是單純喜歡存股票的投資人，這就會是我剛剛所提的，請把本書當成一本技能書，學好學滿，你必不愁家裡無糧。接著，如果你是喜歡當天買、當天賣的交易者，市場上稱這類為「當沖交易者」；而若是除了當天完成交易之外的行為，則統稱為「波段交易者」。這兩者之間最大的差異，在於買賣的交易週期。唯波段交易行為是交易者可能會依照「基本面、技術面或籌碼面」所掌握的條件不同，並於滿足點發生後，進場完成買、賣的交易行為。這樣的投資人通常較為積極性、主動，並擁有強烈的學習、求知、獲利慾望；而這本新布林通道就是專為這兩種交易

者孕育而生的作品，務必將本書納為收藏並深度學習。

理解自己的交易屬性後，當然要能對應的找到合適自己的投資標的物，進階整合自己的交易屬性及投資商品，並於其中找到最佳的交易模組進行獲利，這就是新布林通道要提供給你的完善交易模組。在此之前，還是要先簡單認識一下投資商品有那些。

二、投資商品：①股票、②期貨、③其他。 投資商品琳瑯滿目，定存、儲蓄險、基金、股票、ETF、期貨、債券、外匯外幣、房地產、黃金……，隨手拈來就有十多種商品，若進一步細分、延伸與重組，還能衍生出更多種類。認識商品這件事，其實就跟你想買部汽車是一樣的道理。不同的商品其代表的交易頻率自是不同，誠如跑車的外形結構與休旅車、越野車的打造核心定有所差異，因此對於新手的你來說，這也是一項十分重要的自我檢視工作。別忘了，這位駕駛人就是你！挑選好標的物與剖析自我的性格是很重要的投資歷程。

這裡我要做一個小總結，以新布林通道來說，最適合套用的投資商品就是：股票和期貨。除此之外的投資商品並不能嚴苛的說不合適，而是你有沒有能力運用這個交易模組套用在你的投資商品上。同時你也千萬別憂慮，學習過程凡事都是一步一腳印而成就的，由於一本書的撰寫過程要盡可能滿足新手學習外，更要能滿足資深交易者的需求，所以如果你是資深交易者，就請你可以依照自己的投資屬性及商品需求挑選所需章節閱讀；當然，新手交易者就按部就班的學習每一個細節吧！

不論你是新手或資深交易者，只要你的投資商品是股票或期貨，購入本書並學習地表最強控盤系統—新布林，絕對是當之無愧的選擇！對於資深交易者，我就不再贅述，你想突破盲腸，找到自己的交易訣竅，**新布林通道**就是你必須打掉傳統布林通道後，傍身重練的一本密技。再囉嗦的補充，即便是最強人的交易模組，也並非人人適用—這是我的真誠忠告！你有自信學會學通，於登頂之時便可體會我的真意。

最後獻給身陷股票、期貨泥淖的交易者

　　我知道許多投資人身陷在股票、期貨的交易市場裡，我會盡我所能透過文字及圖示表達讓你通盤學成新布林通道，擺脫現在的困境；但請務必理解，不合適的性格與投資行為如同生活中的愛情。舉個例子來說：若你的個性本就溫文儒雅，卻硬要與活潑好動的另一半交往，這個結果若不是走向互補，就是邁向互毆的生活。當然，嘗試絕對值得鼓勵，但在過程中務必要發掘出自己真實的性格與個性。不耽誤、不強求，終將迎來你想要的生活。

　　寫下這一段最想表達的是：投資千萬不要不甘心，而是要順心。當然，還有一個重點，我上課或寫作希望淺顯易懂的舉例讓學生或各位朋友反思投資心境，藉此釐清投資的關鍵心境；盲目學習各種交易模組並不會讓你擺脫投資困境，反而更容易遭滅頂之禍！誠懇希望我有能力分享一些簡單的例子，協助你修正投資心性，穩定步向成功之路。

　　另外也請見諒，所舉例子常用生活愛情當成範例，其出發點只是希望能讓各位朋友理解投資如人生，倘若能幫助你找到投資關鍵或核心，那麼透過這樣的教學相長過程，同時幫助你頓悟投資心法與人生哲理，則別有一番意義，堪稱功德圓滿！

PREFACE / 本書內容的分章介紹

本書 Part 1 節我們還是重新開始介紹起，畢竟對於許多新手來說，認識一個新的技術分析工具是一項重要的工作；或許你曾經也使用過該技術分析工具，但我仍然會引領你重新認識新布林通道該如何運用。從這個章節中你可以清楚了解：

1. 從原始的布林通道找到初心，唯有初心不變才能再脫胎換骨！
2. 透過圖像的差異來解開新布林通道的神祕面紗！
3. 一個核心的運算邏輯，幫助你練就邏輯交易。
4. 可以稱呼為地表最強控盤工具，你同樣要掌握其優缺點。

Part 2 節將協助各類投資朋友透過線上申請，先拿下這個地表最強控盤軟體。簡單手把手引領各位朋友們開戶，緊接著當然就是熟悉整個控盤系統。系統是死的，人卻是活的，所以必須要熟悉；不，應該是非常熟悉整個控盤系統如何設定！提示一下，這個很不起眼的章節卻隱含最重要的作戰工具，千萬別以為「這個是很小的一件事」，記住一個控盤系統最小的一件事若你都沒做好，將引爆你無法想像的結果。好比一個生產線的公司一樣，所有的人都就定位了，結果開關沒開；那麼結果將會是一切徒勞無功，得不償失。

Part 3 至 Part 6，我將重新整理你的觀念、協助你實戰、穩定你在布林所獲得的一切收益，帶你一次穿透布林到底靈不靈的關鍵，最後將灌入完整的布林心法與建立你的投資計畫，**驗證新布林通道是不是地表最強的控盤工具**。

1. 若你的觀念不正,影響的就會是你的格局,所以我們要從觀念下手,開始學習建立正確的格局,自然影響你最終可以發展的成果。詳情請見 Part 3。

2. 若你覺得實戰才能讓你有感,那麼實戰篇絕對可以滿足你完整體驗新布林通道帶來的暢快感,一場痛不欲生亦或滿面春風的生活。詳情請見 Part 4。

3. 若你總是拿捏不了你的抉擇,那必定需要重新調整你的交易心性。人生如戲、戲如人生,運用你最簡單的人生經驗,就可以幫你覆盤你的交易心法,重新提升一個全新的檔次,不再重蹈覆轍。詳情請見 Part 5。

4. 投資人生不外通透,若你不通透,只能透過時間讓你通透,進化最終自然一切光明洞徹;只要你能夠堅持,財富自由大門從未關閉過。是你遲遲不願進入這個舒服、輕鬆的世界。在此,誠摯邀請你與我一同相約在此自由國度。詳情請見 Part 6。

最後,不免還是要提到,本書能夠順利完成,要感謝的人很多,財經傳訊出版社團隊、元大證券、已被元大證券合併的寶來證券、理周教育學苑的學生、一路支持我 Facebook、YouTube 粉絲團,還有默默在背後協助我不斷精進的天、地、人。

張琨琳還有話要說:訂閱我的 Facebook、YouTube,我會持續創造一個你所想像不到的新世界,誠摯邀請你跟上這個狂想世界。雖然我不懂得用娛樂方式來提供大家如何理解投資領域的愉悅與舒服,但我希望用務實認真的方法解決各位朋友們所面臨的困境。而實際的我是位活潑加上認真的一個人,也許不久的將來我也會開竅放飛自我,誠摯邀請你不要錯過各種可能與不可能的新世界。再次引頸期盼,希望這本書可以再次創出更多獲利者,期待與你一起飛翔在這財富自由新世界。

許多朋友問我「零股大勢力‧張琨琳狂想」當中的「張琨琳狂想」為何意？「零股大勢力」已在第二本書中談到了，而「張琨琳狂想」解譯則在本書尾聲……

PS：如果你是資深交易者，Part 1～2 是可以跳過，不需要閱讀。當然，你願意靜心閱讀也希望你能有所獲；畢竟，每位作者在解釋每項技術分析系統與工具的方式有所不同。或許，本次在你覆盤閱讀，精心淬鍊後，能夠更精進你的投資底氣，這也是美事一樁。

PART.

1

認識地表最強控盤工具
——布林通道

任何一個投資人都需要一項技術分析工具來協助你研判投資標的物的走勢及方向，而如何穩健進入每個標的物及安然獲利出場的決策工具當中，更需要有一套可全面在「短、中、長線」面對價位波動時給予明確的決策訊號，此布林通道即為搭配你在面對決策困擾時，提供最即時、最清晰的決策訊號，為你做最後的研判，進而提升你的每場交易勝率。

　　本章節一開始要帶你一起了解原生的布林通道，也就是先簡單了解一下布林通道這項技術的分析指標。

　　接續在第二小節，討論的是有關布林參數當中的基礎計算，其本質不變，但應用部分則要看個人對應自我的交易屬性及投資商品而做調整。你必須深度了解布林的基礎計算值，方能產生最佳化的結果。

　　第三小節會再透過「原生布林通道結構圖」與「新布林通道結構圖」的差異示意圖，呈現一個經由脫胎換骨後的新布林圖像，到底可以為投資者帶來交易上的直觀視覺優勢。而更多的新布林優勢及應用，則會在其他章節中持續補充。

　　章節末將與你分享新布林通道的優缺點，希望這份整理資料可以協助你理解如何將新布林通道運用在你的投資標的物上，發揮持續且穩定的收益。

PART 1 / 01

學會布林輕鬆看穿進出場時機

到底什麼是布林通道？一起來認識吧！

布林通道，也被稱為「布林帶」或「布林線」（英文為：Bollinger Bands，簡稱為 BBand），但這就只是一個名稱而已，你不用硬記；你只要知道，它就是一種技術分析工具，由美國金融分析師約翰‧包寧傑（John Bollinger）於 1980 年代發明，投資者可以透過布林通道輕鬆掌握自己的金融商品價格如何隨著時間而波動，進而藉此判斷進出場時機。

具體地說，布林通道就是一種利用統計學當中的**移動平均線（Moving Average, MA）**[1] 與**標準差（Standard Deviation）**[2] 這兩個重要參數值所組成的三條線，分別稱為**中軌**（可定義為**股價**）、**上軌（UB）**以及**下軌（LB）**，而形成一條帶狀的價格通道，用來衡量市場價格波動以及未來**趨勢**走向的技術分析指標。

簡單來說，布林通道的概念就是認為在多數的情況下，市場價格都會在這條通道內上下波動，而投資者只要依照這個邏輯，即可了解標的物當前的價格在市場中的位置，進而判斷是否該進出場，做出買進或賣出的動作。甚至可以依據布林通道的寬窄設定停損點或停利點，以降低你的投資風險。

例如當價格由下軌向上穿越中軌時，你可以選擇進場買進，而當價格由上軌向下穿越中軌時，你則應該選擇出場賣出。抑或是價格不僅向上飆升，而且是突破了上軌道，即代表市場價格有超買的狀況；反之，價格不僅向下狂跌，而且是突破了下軌道，即代表市場價格有超賣的狀況。

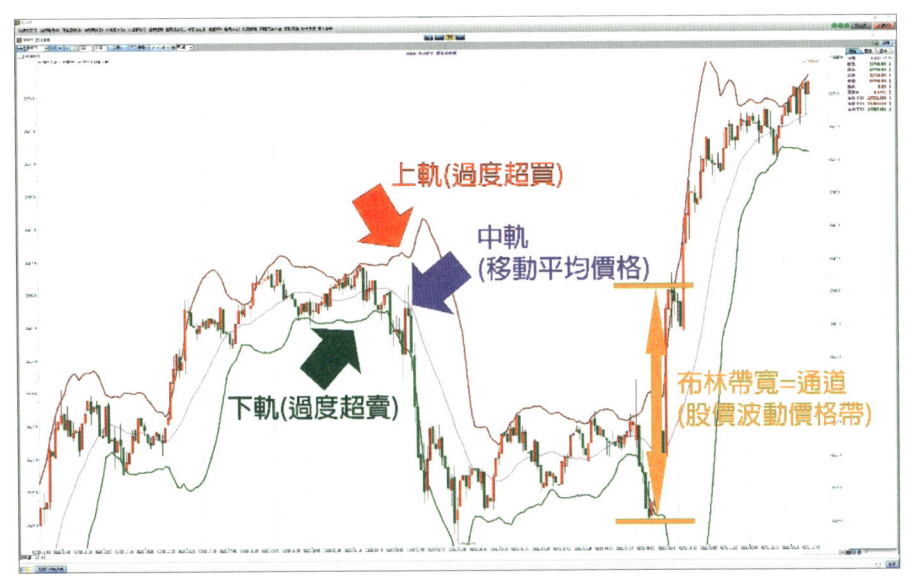

圖 1-1 布林通道示意圖：紅色箭頭「上軌」，藍色箭頭「中軌」，綠色箭頭「下軌」。
資料來源：元大證券點精靈

　　這裡先透過圖 1-1 來為你進一步解說。圖中的紅色箭頭，即為股價經由標準差及移動平均線所產生的超買價位，這裡可稱之為「上軌」；而圖中的藍色箭頭，即為布林的「中軌」，同樣為股價經由標準差及移動平均線所產生的中間價位；最後，「下軌」則為股價經由標準差及移動平均線所產生的超賣價位，即是圖中的綠色箭頭。另外，在圖當中「上軌」與「下軌」所形成的橘色通道，即稱之為「布林通道」。是不是沒有想像中的複雜？！

　　相信大家也一定很好奇，布林通道真的有那麼精準嗎？別急，讓我們再花點時間深入了解布林的奧祕。這就如同戀愛過程中，與交往對象相處越久，越能看清是否彼此合適；時間，終將證明一切，不是嗎？千萬不要衝動做出影響終身的決定。同樣道理，學習一套完整的布林通道，也需要完整的學習歷程，它才能真正成為你的獲利助手！

註1：
標準差是統計上計算「數值的離散程度」的指標；若用於股票市場，可以用來計算「單一日的股價與均價的差別」，了解該標的物的股價波動程度。而較大的標準差，代表這些數值與平均值之間差異較大；而較小的標準差，代表這些數值較接近平均值。

註2：
移動平均線也稱為均線，是代表某一段時間內市場上的平均成交價格，可藉此判斷市場的強弱與未來可能的趨勢方向。而投資人可以依據個人需求，自行決定移動平均線的天數設定。

PART 1 / 02

三條線的祕密
——布林基礎計算

正如我常說的，透過數學可以解開許多難題！

這節要談論的內容不少，你一定要專心加靜心，緩慢的來回咀嚼。如果未來在使用上遇到困難，請記得回來此處重新修煉。

別急躁，不必要求一次就完全學會。就像交友，認識得不夠久、交往得不夠深，自然容易識人不清，彼此無法坦誠相待。但千萬不要因此而喪氣，這真的沒有關係，一步一腳印，我們只要不斷的學習、反覆的試煉，最終你還是會融會貫通的。

現在，讓我們從最簡單的數學值出發，優先解開關鍵密碼以及調整參數的步驟。切記！要從最單純的起點開始，千萬不要先複雜思考，後續將會因應不同的投資屬性及商品，進階調整你需要的參數。

說到中軌，它是布林通道的基準線，代表標的物在一定週期（n）內的價格平均值，一般會使用簡單移動平均線（SMA）計算，而最常使用為 20 日均線（20MA），即過去 20 個交易日收盤價的平均值。n 這個數值是中軌非常重要的參數值，可說是關鍵密碼，但它不是固定的。實際運用時，根據不同的標的物以及投資策略，SMA 的值會有所調整。

至於上軌與下軌，也是布林通道的關鍵組成要件，用於衡量標的物價格的波動性。通常，上軌又稱之為壓力線，因為當價格上漲至此，有較高的機率會反轉下跌，容易會出現壓力；下軌又稱之為支撐線，因為當價格下跌至此，有較高的機率會反轉上漲，容易會出現支撐。

布林通道的計算公式

- 上軌＝中軌＋2倍標準差（σ）
- 下軌＝中軌－2倍標準差（σ）
- 帶寬＝（上軌－下軌）÷中軌

公式當中的 2 是一個標準值，但為什麼會是 2？是 ±2 倍的標準差呢？因為依據統計學的常態分布（Normal Distribution），約 68.2% 的數值會落在平均值 ±1 倍標準差之內，約 95.4% 的數值會落在平均值 ±2 倍標準差之內，而約 99.8% 的數值會落在平均值 ±3 倍標準差之內。因此，簡言之，使用 2 倍的標準差作為計算，其價格波動範圍較為「正常」，但如果超出了這個範圍，那就有可能是「不正常」的。

你可能會好奇，為何不直接使用 3 倍標準差呢？其擁有 99.8%，那是因為還必須顧及其他因素，例如帶寬，雖然範圍多了 4.4%，但同時帶寬也增大許多，操作上易有諸多不便之處。

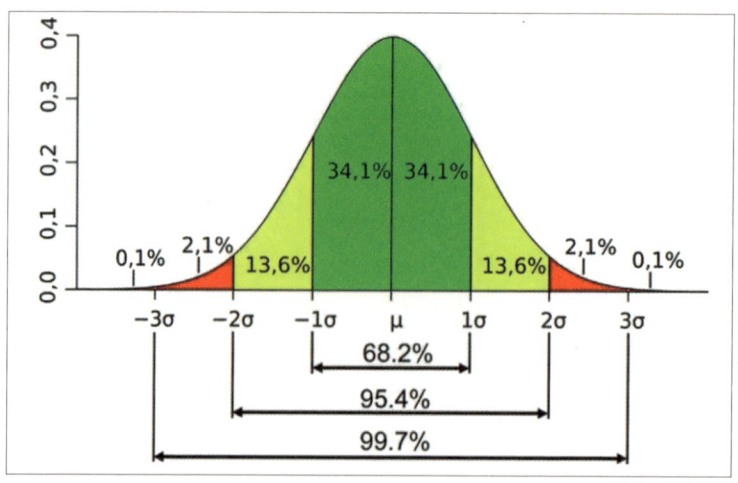

圖 1-2　布林通道常態分布。
資料來源：作者提供

我個人的使用習慣是設定在 2.0、2.1 或 2.2 之間，除此之外，多不考慮。究竟該如何設定，並無一定，完全因人而異，如不同的投資商品與因應你想要的交易屬性差異，即可以運用當中的標準差去規劃你的交易模組。

圖 1-3　使用 2 倍標準差之布林通道。
資料來源：作者提供

圖 1-4　使用 2.1 倍標準差之布林通道。
資料來源：作者提供

- 19 -

圖 1-5　使用 3 倍標準差之布林通道。
資料來源：作者提供

　　而布林通道的 **帶寬（BandWidth）**，也就是上軌與下軌之間的距離，其代表著標的物近期價格波動的程度，如通道的寬度「較寬」，即代表價格的波動較大；通道的寬度「較窄」，即代表價格的波動較小。至於通道的寬窄如何判定，當然不能光憑「感覺」，應依數值的高低作為準則較為精確，如數值越高代表寬度較寬，數值越低代表寬度較窄。

　　但我個人覺得這個部分不是很重要，反而是帶寬的型態才是最重要的，是進出場、買入或賣出的判別關鍵，決策密碼。也就是當投資標的物的價格在通道間變窄或擴大時，都將成為買賣的重要訊號。好比當通道變寬，可能意味市場波動較大，價格即將出現回撤，有機會開始跌落，可視為賣出的訊號；當通道變窄，可能意味市場較為穩定，價格有機會再次突破，可視為買進的訊號。

　　布林的計算基礎來自於中軌以及標準值之間的差值（買超、超賣），那麼，這兩個參數到底該如何設計呢？

　　e.g..，①中軌：5、10、20（SMA）、②標準值：2.0～2.1～2.2。

　　當中的標準值設計將會影響不同的投資商品，所以我會用兩個標準值的參數進行設定，並提供兩張不同標準值後所產生的布林指標訊號，來

說明這將影響你所挑選的投資商品中會出現的買入、賣出訊號。

另外，有關新布林通道的設定方式，會在 Part 2 一個步驟一個步驟地教會你如何設定這些參數。而設定這些參數的基礎資料你特別要留意的觀念如下：

- 中軌參數設計要考量你的投資標的物及交易頻率；
- 標準值：設計時，無需設定過大，建議維持在 2.0~2.2 之間即可。

上述為原生布林通道的主要計算及設計步驟。

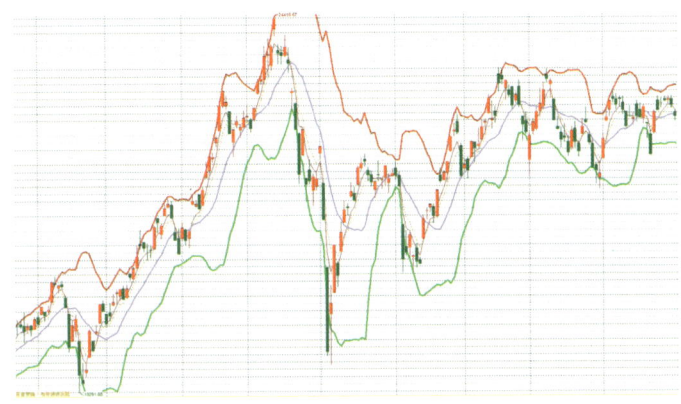

圖 1-6 布林股票中軌值。
資料來源：請作者補充

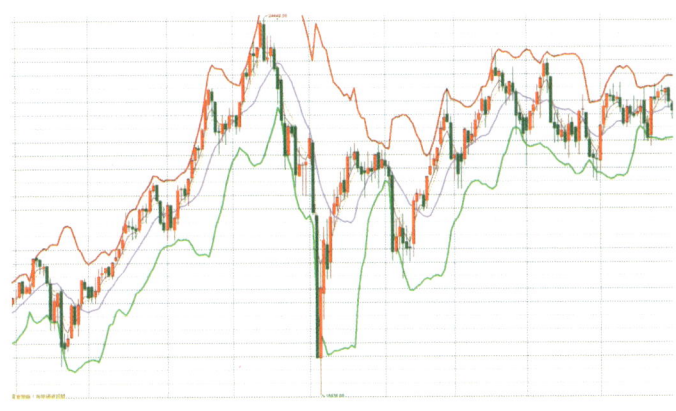

圖 1-7 布林期貨中軌值。
資料來源：請作者補充

從上述的圖文中，我們了解了兩個核心關鍵，一是標準值經由變更後，可能會帶來布林上下軌的波動樣態，而這當中的「標準值」會帶來哪些影響？最後你又該如何運用這些「標準值」來確保那些會是你所需要的交易參數？這個完整的標準值，我會在 Part3、4、5、6 當中一一提供你各類投資商品的範例，讓你清楚的知道在未來遇到不同的投資商品時，都能調整出一套最合適你的交易標準值。談及交易實務的第三至六章，在你融會貫通、耐心讀完之後，將成為你掌握未來交易的重要關鍵。請繼續往下看下去。

　　二是 SMA（n），最初始的 SMA 就是移動平均線，而（n）就是最重要的「均值」；換言之，你預計的（n）在初學階段為 20，也就是該股價 20 日的平均價位。但這邊要再簡單補充一下，最初均值＝（20），是用在日線的操作上；而如果你是以 60 分鐘線作為基數，則 SMA（20）在股票交易上將不會那麼精準。

　　原因是股票交易時間為 09：00 ～ 13：35，無法整除的數字同樣的結果就是不精準。相信關於這點你會有疑惑之處，如果等不及，可以直接跳到 Part 6 第一節（6-1）開始閱讀。若你想從布林通道的基礎理論及運用學起，那麼就只能一步一腳印的往下學習。俗話說的好，想要通往九轉功成之道，必須經過長期努力不懈，請穩住心性，你自然能夠成功！

　　另外，均值用在期貨交易市場上時，建議你在初學時期可以將它改成 4 日平均線的「中軌值」；換言之，當你運用在不同投資標的物環境時，這個中軌值你一定要定義清楚才行。同樣的，若急於知道理由，可以直接前往 Part 3 開始閱讀。而為了讓你可以從基礎開始一步步熟悉新布林，就請你奮起力學不倦的精神吧！

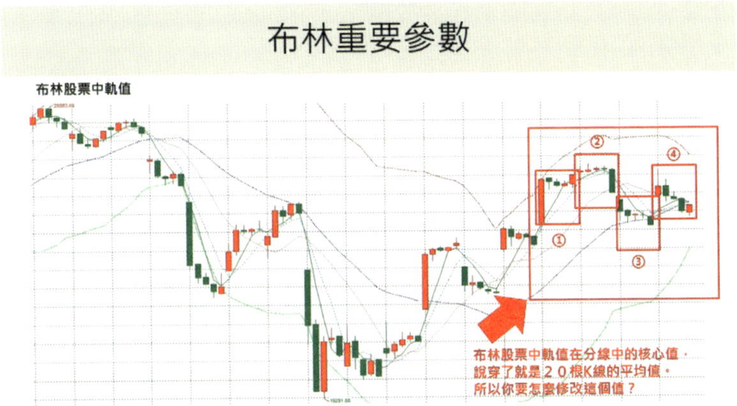

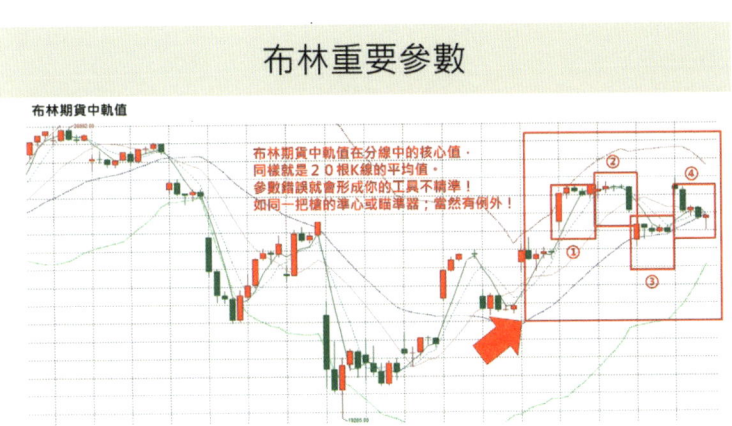

圖 1-8 布林股票中軌值。
資料來源：請作者補充

圖 1-9 布林期貨中軌值。
資料來源：請作者補充

圖 1-10 原生布林中軌值參數為 2.1_6。

資料來源：請作者補充

圖 1-11 原生布林中軌值參數為 2.1_12。

資料來源：請作者補充

圖 1-12 新生布林中軌值參數為 2.1_6。
資料來源：請作者補充

圖 1-13 新生布林中軌值參數為 2.1_12。
資料來源：請作者補充

我想數學邏輯觀念很重要，而應用才會是我們的核心。

　　這一小節看完，真的很容易讓人頭暈，但這一小節實在是蠻重要的，尤其是觀念及應用的結合，必須有直接的對應關係，這點你要練習到爐火純青後，才能讓你設計出你的最佳控盤系統。呼應一下，這參數設計如同一把槍的準心或瞄準器，當然也會有例外的狀況，因為還有其他配備可以讓準確率更高……，後面就讓我來慢慢補充吧！

PART 1 / 03

好還要更好
——蛻變後的新布林

緊接著，我們快來看看脫胎換骨後的新布林通道！

為了做出這原生與新生之間的差異，所以我「任性地」將這兩張圖並列於同一頁。請你比對這之間的差異，看看是否有了顯著的差異？！

原生布林及新生布林最大的差異之處，在於：

原生布林通道：呈現標的物依循參數值上下運行的「走勢圖」，難以直觀研判買賣點。

新生布林通道：單純以指標箭頭顯示方向—上升即買入、下降即賣出，讓交易決策更直覺、清晰。

你一定會覺得很有趣吧！

呼應上一小節所提到的，新布林通道浴火重生後，就是這麼簡單、直覺！千萬不要懷疑這就是脫胎換骨後的新布林通道，只剩下一個指標；千萬不要小看這個指標。這將是改變你一生最重要的投資指標，沒錯！就是只剩下一個「買、賣」箭頭，請注意！新布林指標不是提示「超買／超賣」，而是直接提供「買／賣」的明確訊號！

我相信，你現在一定覺得既驚訝又開心！

那麼以後就直接採用這個指標進行買、賣即可？當然不是這樣的，別以為我在潑你冷水—你還需要進一步了解新布林通道的運用方式，才能將其發揮到極致。

圖 1-14　原生布林通道結構圖。
資料來源：元大證券點精靈

圖 1-15　脫胎換骨－新布林通道結構圖。
資料來源：元大證券點精靈

將原生布林與新生布林結構圖擺在一起的真正用意，就是為了讓你看出其中的差異之處，同時也是精進你在布林通道學習道路上的重要功課，只要你看得出來這重要的關鍵，便可表示你有極高的領悟力；相信此刻，認識這個新布林技術分析工具，將是你通往快樂投資人生的開始！

　　如果有興趣，也歡迎你線上收看《達摩祖師傳》，體會「皮、肉、骨、髓」四個境界。此刻的你，處在哪一個階段？由你自己決定！我們將繼續在下一章節參透唯一不變的布林通道。

PART 1 / 04

布林通道好用嗎？

　　在上兩節當中，都有提到布林通道的設計基礎，以及未來你可以運用的模組概念，那麼，布林通道究竟好用在哪裡？讓我先從投資市場的整體面向來為你解析，相信更能幫助你了解答案。目前市場上的技術分析工具十分多樣，舉凡：KD[註1]、MACD[註2]、RSI[註3]……當然，市場上還有很多技術指標分析工具，而上述的這三種在市場上定義為老牌、資深的技術指標工具。

　　就以剛剛所提的三種技術指標工具來說，<mark>由於台灣證券、期貨交易系統的限制，所以你無法隨意調整技術指標工具中的參數設定</mark>；而這無法變動參數的侷限，必定間接影響你的紀律操作。更精準的說法是以上述三種技術指標來說，普遍都只能以日K線運算為標準操作基礎，那麼最終的結果也只能夠讓投資人進行波段型操作。換言之，若是當沖型交易者便無法隨心所欲調整其合理對應的核心參數，最終，就會經常聽到「技術指標鈍化[註4]」這句話的出現。

　　鈍化，淺顯易懂的就是指標型態糾結而無法研判股票、期貨的走勢。換言之，就是失效進入混沌不明的狀態，對於任何一位投資人來說，隨時處在一個不穩定的交易條件下，當然容易造成誤判，最終導致虧損。

　　然而，布林通道並無上述困擾；這項技術指標工具，可以成為主流或輔助流的角色，並可隨時配合你「短、中、長」的投資規劃而調整其中的參數值。更簡單的說法，布林通道能完全依你的需求，將核心參數靈活

設定並納入系統運算；最終透過精準的邏輯運算找出最佳的買入、賣出點位。但前提是你必須要融會貫通布林通道指標的運用及參數設定，所以這絕對是台灣證券交易市場中，唯一能全方位適用於「股票、期貨」+「短、中、長線交易」的最佳技術分析指標工具！

在此，布林的優點及缺點我做了以下簡單的歸納，但優點不一定是優點，同時缺點也不一定是缺點，你只要能融會貫通，就能明白我的意涵。即便你真的無法立刻體會也沒關係，請你先將我提供給你的參數運用在你的投資標的物上，一段時間後就必定能明白我的意思（專注投入 3 個月，換來一生財富自由的信仰，這絕對值得），布林通道就是這麼好用！

布林的優點：

1. 絕佳的短線操作技術分析工具，同時也可以兼任波段交易分析，絕對是短、中、長線操作者很棒的技術分析指標，並且兼任優良的監控交易系統。（但前提是你一定要融會貫通後面 Part 3 至 Part 6 所有我提到的各種投資商品範例）
2. 可動態性調整，隨著價格的變動調整其阻力與支撐。
3. 這個技術分析工具可以幫你練習規律的停損、停利，既是最佳也是主流系統，讓你更加完美的操作。
4. 布林通道的帶寬能夠明顯的顯示出價格的波動範圍，讓投資者可以更容易掌握市場的波動性。

布林的缺點：

1. 當 K 線在帶寬中屬於盤整時，你可能會耗損不少交易成本；不論是股票或是期貨，皆是如此。第 Part 3 至 Part 6 皆有對照範例可以幫助你研判，為何盤整時布林會為你帶來交易成本的耗損。

2. 布林在帶寬下跌格局中，K線會很慣性的貼近下軌運行，直到靠近中軌後才會出現反彈。

3. 布林在帶寬上漲格局中，K線不一定會很慣性的貼近上軌運行。

4. 布林在寬帶中的運行，你千萬不要忘記時間軸的運行，這是任何一個技術分析中最重要的參數。

5. 傳統布林不易就手，學會新布林人生將不同。

註1：
KD（隨機指標）是一般投資人常用的指標，它結合了動能、力道與移動平均線的原理，是一種短、中線的技術指標。

註2：
MACD（平滑異同移動平均線指標）是利用兩條不同速度的快慢EMA(指數移動平均線)交錯來判斷股價走勢，主要的用法是簡化資訊，讓投資人更容易判斷目前價格走勢變化的程度。

註3：
RSI（買賣盤雙方力道的強弱），這是投資人透過市場近期漲跌的變化量，衡量當前買賣盤雙方的相對力量，藉此評估進退場的時機點。

註4：
技術指標鈍化是指當「技術指標」發生型態糾結，導致該檔股票無法正常用技術線圖推測走勢，即為鈍化。

PART.

2

新布林該如何使用？

2024年，應「理周教育學苑」邀請在現場及線上開課，教授布林通道課程。這是我第一次正式教授「新布林通道」的教學內容。在接獲邀請之時，深知傳統布林通道的教學不易，隨即著手尋求更淺顯易懂的新布林通道教學模組，以便能夠讓同學們更輕鬆、更簡單的學習新布林通道。

　　有幸在經常交易使用的元大證券操盤系統中，發現了一項布林通道的新功能。當然，初始運用這項新功能時，確實無法檢視這原生布林與新布林之間的關聯性，但隨著我不斷的演練之後，終於順利的完成新布林通道課程。

　　這次的新布林通道，不僅帶給同學們全新的觀點，更澈底打破了傳統布林通道的應用方式，讓同學們快速知道如何應用這全新的布林通道，完全改善了許多人在運用布林通道交易時的困惑，深受同學們的大力讚賞！

　　以下就讓我們按圖索驥，一步步啟動地表最強控盤工具—新布林通道。

PART 2 / 01

證券開戶

步驟 1：直接登入「元大證券」開戶入口

網址：https://www.yuanta.com.tw/file-repository/content/accop/index.html

或以關鍵字搜尋：「元大證券開戶」

步驟 2：想要快速開戶，可掃描 QR Code 直接登入，並填寫個人基本資料。

步驟 3：參考元大證券「線上開戶操作手冊」

關鍵字搜尋：「元大證券線上開戶操作手冊」

https://www.yuanta.com.tw/eyuanta/webfile/resourcesFile/8ca1e718-1ea6-42fe-b5cf-073b23d0e429.pdf

（完整下載流程指南）

步驟4：瀏覽元大證券開戶流程說明

關鍵字搜尋：「元大證券流程說明」

網址：https://www.yuanta.com.tw/eYuanta/Securities/Node/Index?MainId=00415&C1=2018031201222274&ID=2018031201222274&Level=1

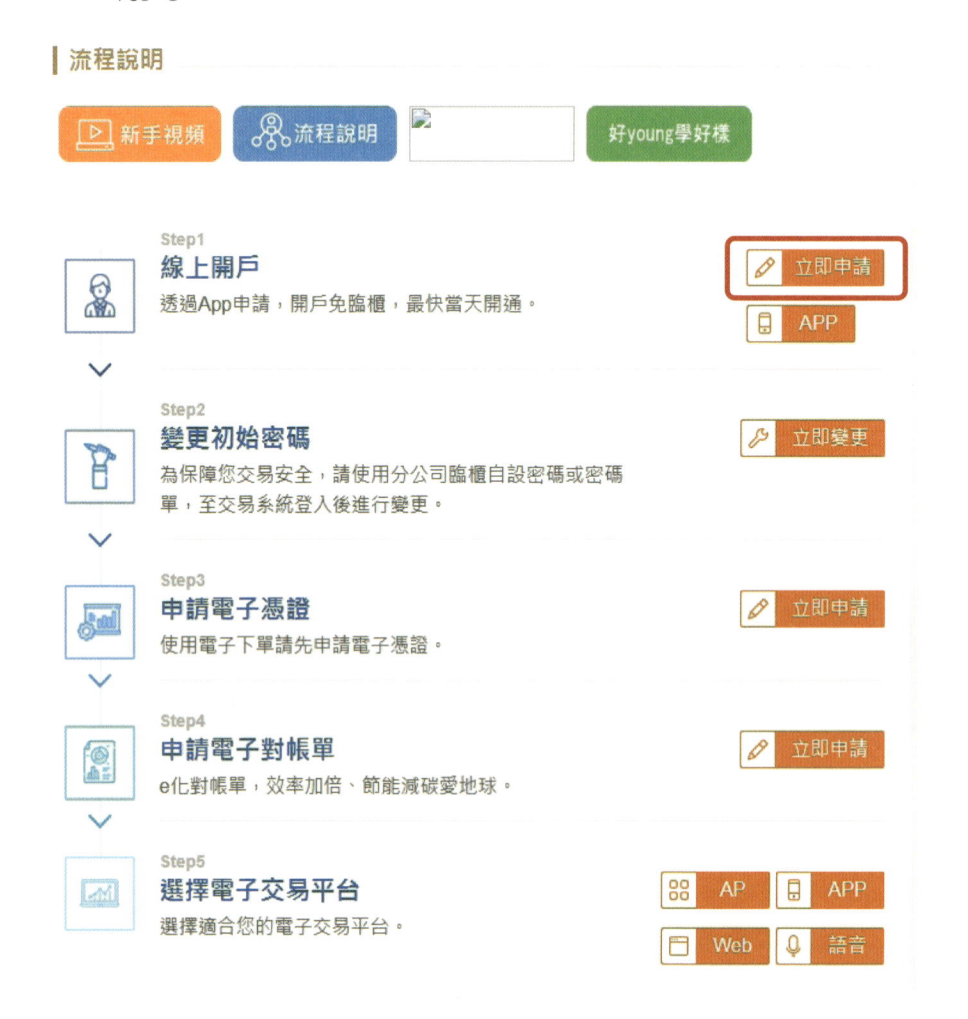

| 流程說明

Step1 線上開戶
透過App申請，開戶免臨櫃，最快當天開通。
立即申請 / APP

Step2 變更初始密碼
為保障您交易安全，請使用分公司臨櫃自設密碼或密碼單，至交易系統登入後進行變更。
立即變更

Step3 申請電子憑證
使用電子下單請先申請電子憑證。
立即申請

Step4 申請電子對帳單
e化對帳單，效率加倍、節能減碳愛地球。
立即申請

Step5 選擇電子交易平台
選擇適合您的電子交易平台。
AP / APP / Web / 語音

PART
2

02

啟動布林控盤

步驟 1：AP 下載

- 首先，請至指定網址下載「點精靈」應用程式（AP 版，不是 APP 手機版喔！）。此為【電腦版應用程式】，手機版無法使用新布林通道設定功能。

  官方下載網址：https://www.yuanta.com.tw/eyuanta/Securities/ApOrder?MainId=00410&C1=2&C2=&Level=1

  點金靈
  量身打造全商品專屬交易平台、強大技術分析功能、投資市場最佳利器
  立即下載
  操作說明　更新說明

- 下載前，請務必確定你電腦的作業系統規格，如是蘋果電腦將無法直接安裝，但可以在安裝一個虛擬的 WINDOWS 10 以上作業系統後，即可以安裝「點精靈」AP 應用程式。

規格說明：

規格	
項目	建議內容
作業系統	Windows 10 以上繁體中文版
中央處理器 (CPU)	Intel 4核心或AMD 4核心以上
記憶體需求	4GB以上
解析度	1280*1024以上
網際網路	網路頻寬10M以上
瀏覽器	Chrome120 / Edge 120
必備支援軟體	Microsoft .NET Framework 4.5.2以上版本

步驟 2：登入

- 登入你的「歸戶帳號」（即是你的身分證字號），密碼則自行設定並妥善記錄。

- 首次開通帳戶後，請申請電腦版憑證，日後系統將自動帶入認證畫面。

  補充一下，手機 APP 的「手機憑證」與電腦版的「電腦憑證」發行券商相同，但用途有分類：手機憑證用於手機版 APP，電腦憑證則用於點精靈 AP 系統。另外，電腦版憑證可匯出，可同時於多部電腦使用（但每台電腦仍需先安裝點精靈 AP）。

步驟 3：看盤系統設定

A. **看盤主系統畫面設定**

- 原始系統畫面為深色黑底，若你要改為淺色系，可以依照下列說明操作。

- 左上角→系統設定→ 9001 環境設定→視窗配色→ A 黑色版面、B 淺色版面。（端看你喜歡的環境視窗配色）

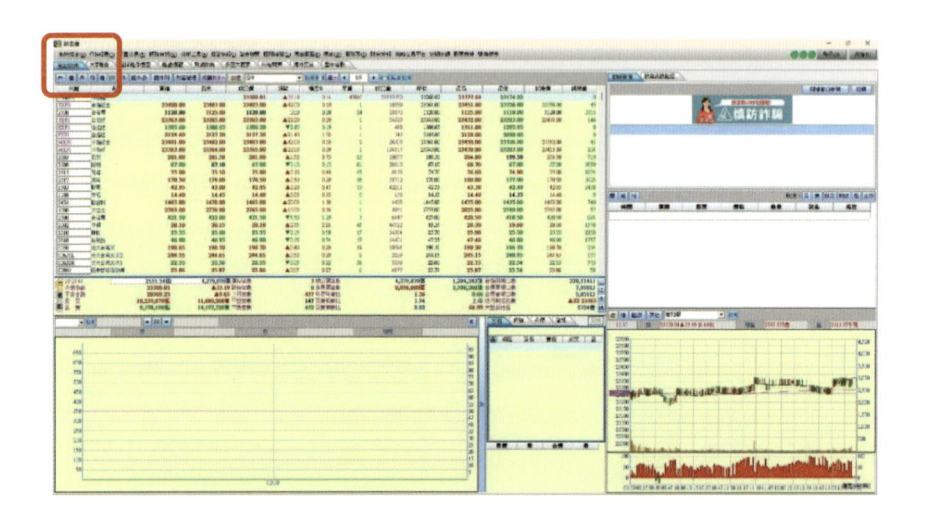

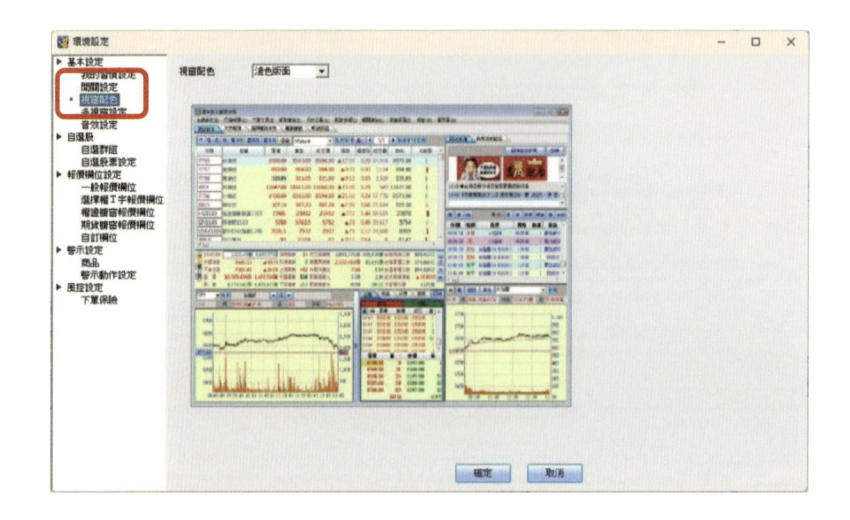

B. 主畫面搜尋投資標的物

- 搜尋投資標的物，範例為 TXF8 台指期，在左下框內輸入「TXF8」。

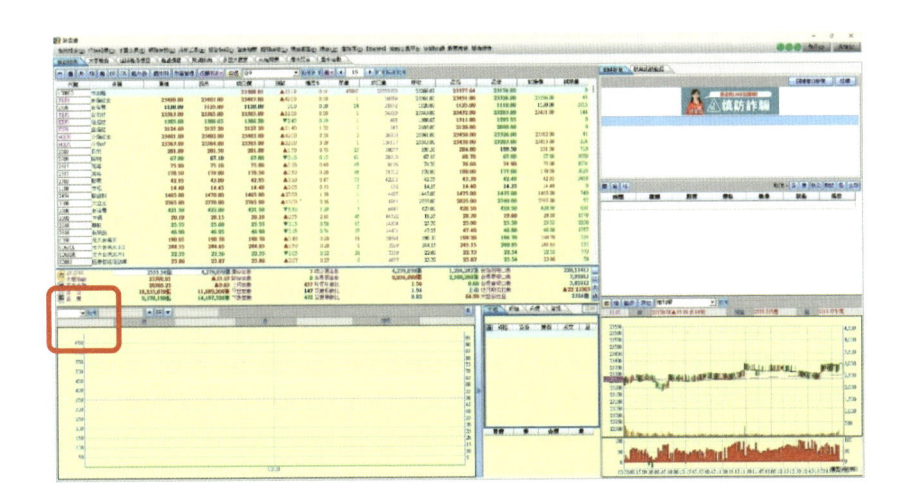

- 標的物顯示在看盤系統上，範例為 TXF8，台指期近全日即時盤資訊。

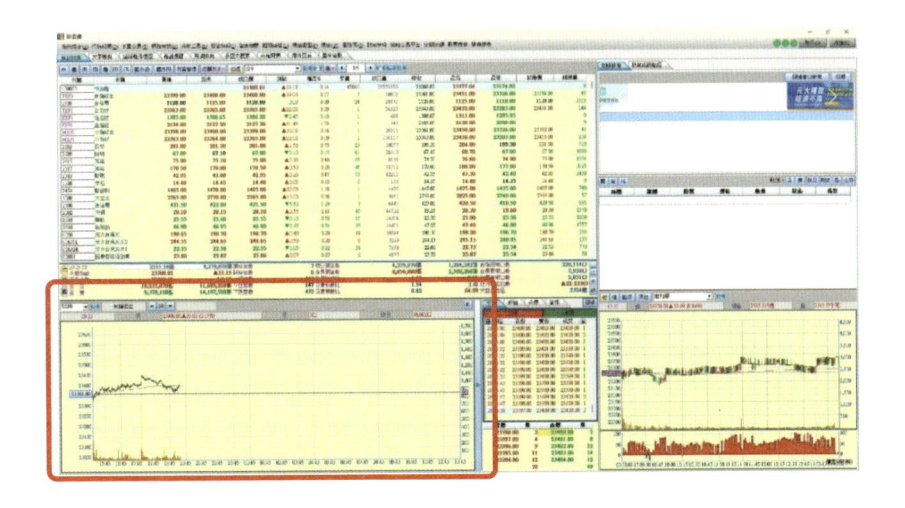

C. 技術線圖

　　操作方式如下：滑鼠右鍵→技術線圖，畫面就會帶出所需要的即時盤資訊，內有許多功能，在此就先不介紹。

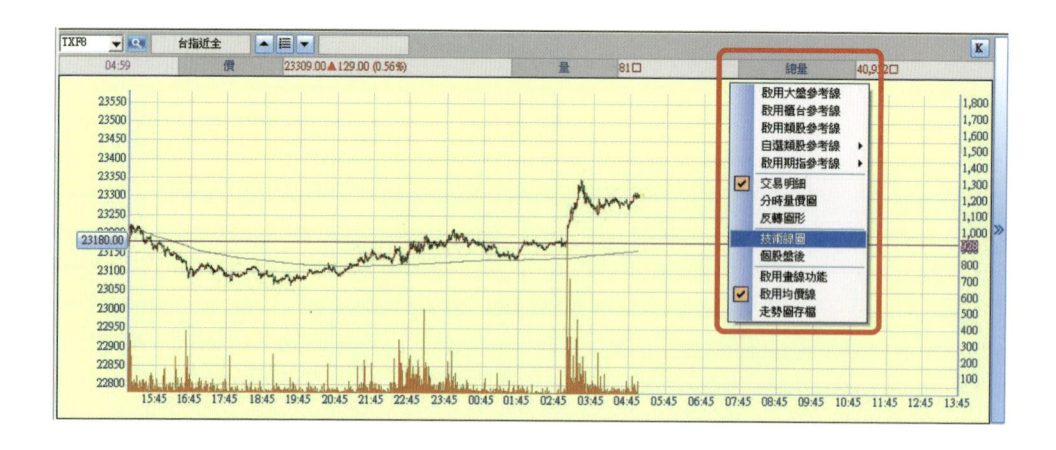

PART 2 / 03

布林通道技術線圖設定

　　以下為主畫面當中的【技術線圖】設定畫面，此部分的設定共分為四個項目，每一個項目皆可進行設定及調整，這些都是未來在實戰時經常會調整的功能設定，我將一個項目一個項目的進行解說。

▶ 線圖設定

步驟 1：第一個項目為「線圖設定」，內容又分為：1.技術指標、2.疊加指標、3.輔助功能、4.策略。

當中「技術指標」主要的調整內容為：你未來想呈現在 K 線圖上的①均線設定（均線值的參數設定及均線的色彩設定），②顏色設定（K 線的顏色設定）。

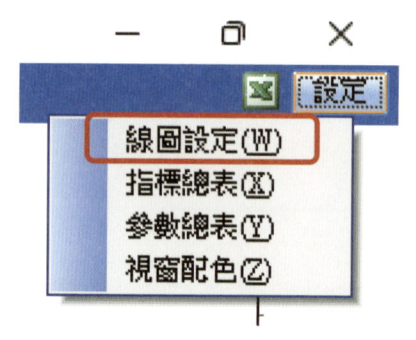

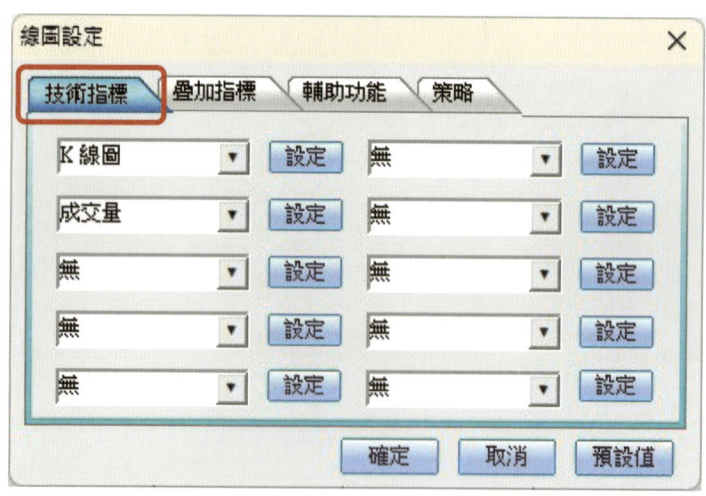

步驟 2：接著看「疊加指標」，這項功能設定做法只需打勾勾，即可呈現你想要看的指標重疊畫面。由於「疊加指標」過多，就不佔用太多畫面；如果你要嘗試，建議優先勾選「布林通道」，有助於後續學習操作。其他則依你的需求自己練習。

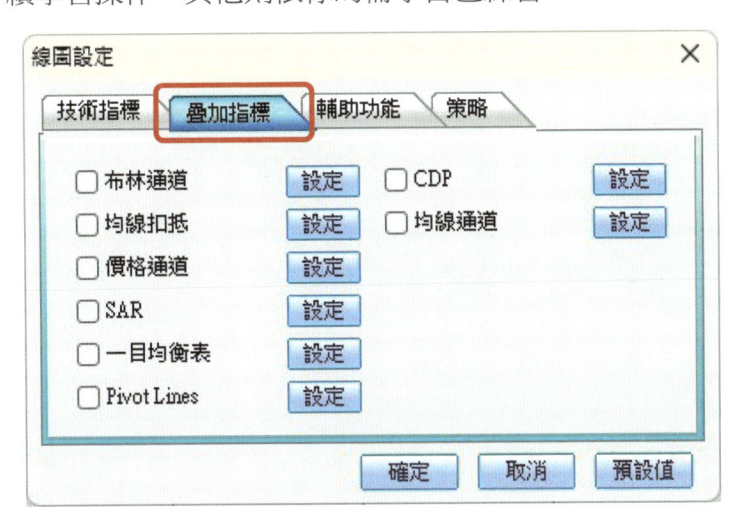

步驟 3：以下為輔助功能設定說明。

「輔助功能」設定十字線（游標）的位置，可選擇：1. 鎖定於 K 線最上層、2. 鎖定於收盤價、3. 自由滑動。

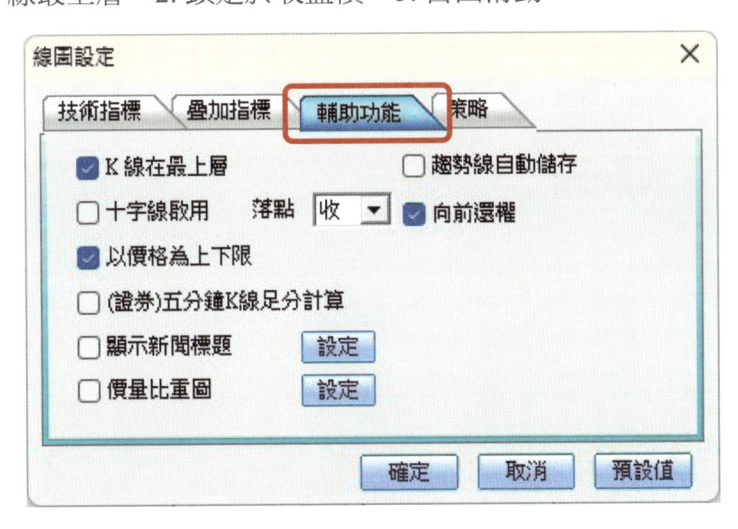

步驟 4：線圖設定的最後一個就是「策略」，這是日後你經常需要調整的關鍵重點，後面章節會有完整的實戰操作畫面，目前這個功能設定，你只要先選擇「布林通道訊號」即可。

「策略」的其他設定細節你也可以自行試試看，未來若有機會，我會再寫「策略」的教戰手冊與你分享！

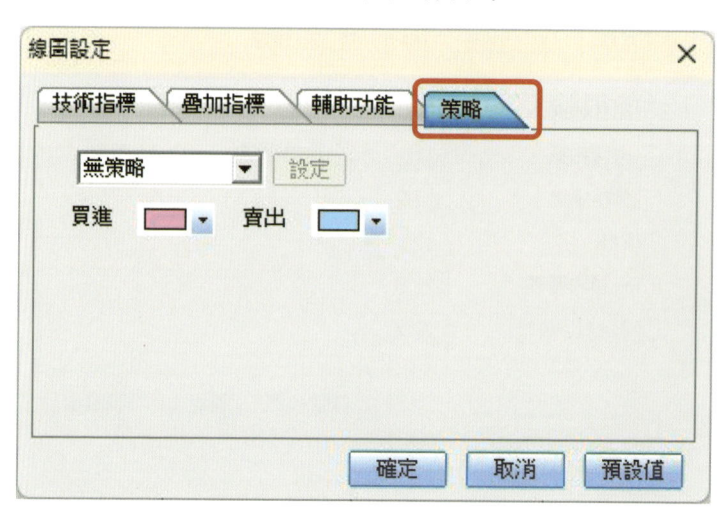

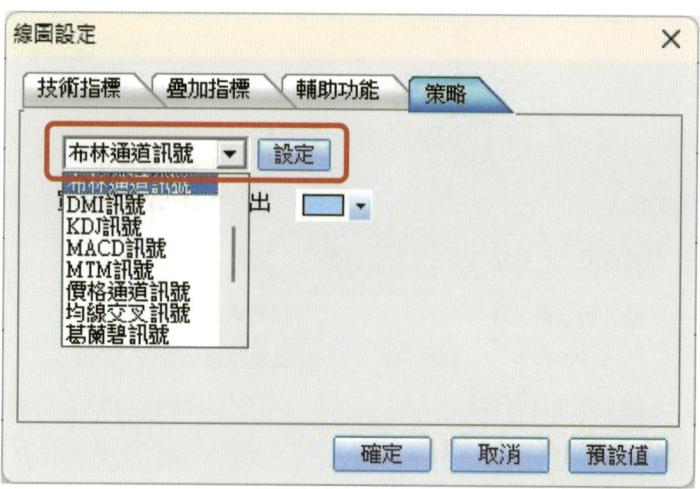

▶ 指標總表

步驟1：【技術線圖】設定畫面當中的第二項設定為「指標總表」，其共有1.指標總類、2.常用指標兩個項目。「指標種類」畫面的設定，是表示未來你會看見以下圖中紅色框框內的日線、週線、月線、分，以及自訂分、秒線、Tick的技術線圖會顯示的各類指標畫面，其中包含了量能指標、價格指標、法人買賣、融資融券、期權參考，功能很強大。

建議初學者僅設定K線，其他選項暫不使用，以免畫面過於複雜。

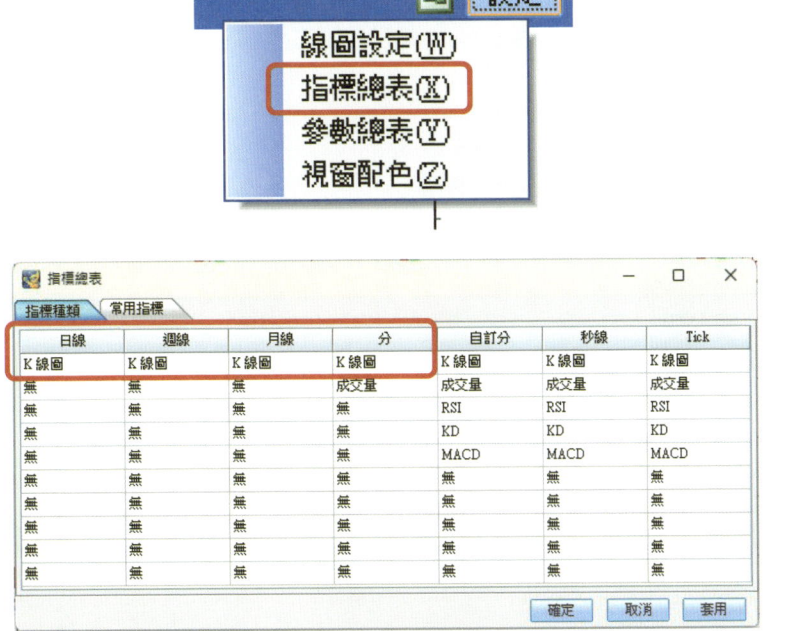

日線	週線	月線	分	自訂分	秒線	Tick
K線圖	K線圖	K線圖	K線圖	K線圖	K線圖	K線圖
無	無	無	成交量	成交量	成交量	成交量
無	無	無	無	RSI	RSI	RSI
無	無	無	無	KD	KD	KD
無	無	無	無	MACD	MACD	MACD
無	無	無	無	無	無	無
無	無	無	無	無	無	無
無	無	無	無	無	無	無

PS：「指標總表」我只有用到這四個選項，其他的並未設定。

步驟 2：接著「常用指標」，這是技術線圖的原始設定介面。基本上，我只用 K 線，其他的不會用到。這部分端看你想學習或套用什麼樣的功能，共有以下五大類別可加入你的技術線圖當中，包含：量能指標、價格指標、法人買賣、融資融券、期權參考等功能。

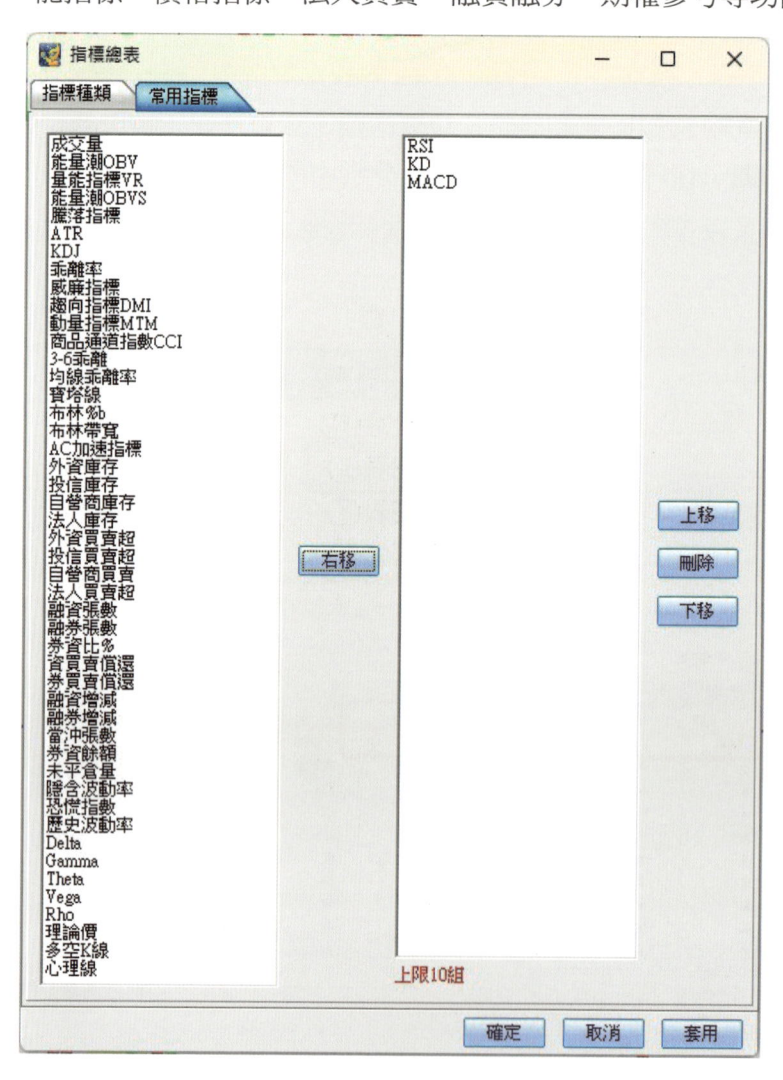

▶ 參數總表

步驟1：【技術線圖】設定畫面當中的第三項設定為「參數總表」，共有 1.移動平均線、2.技術指標、3.買賣訊號三個項目。第一個先說明「移動平均線」，這是總表，簡明的敘述就是一次性全面調整你的均線值需呈現的參數值，這與剛剛的 K 線圖內的設定不同。剛剛 K 線圖內的設定是可以改變的參數，而這裡主要是勾選你要顯示在日線、週線、月線、分當中的，如有哪幾個參數值是要顯示在【6000 技術線圖】內。

如果你想要先簡單一點完成全部的設定，可以先看我提供的紅色框內的圖示。日後，你更熟悉設定功能後，你就會駕輕就熟了！

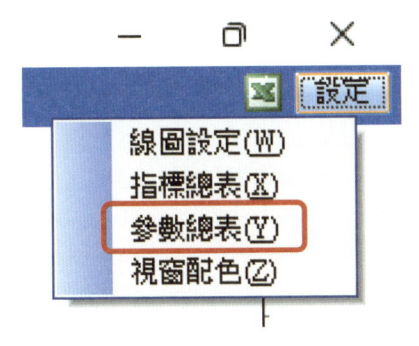

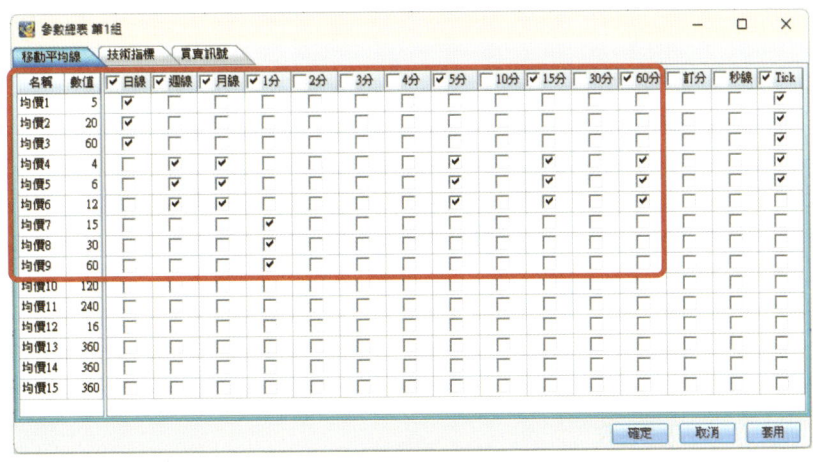

步驟 2：「技術指標」這項目中有量能指標、價格指標、法人買賣、融資融券以及疊加指標，共五個指標參數可以一起調整。簡單說明，很多功能設定都是有關聯性的，為了不要讓你覺得太複雜，我儘可能寫出其架構，而相關運用及使用需求則依個人需求自行調整。總之，「參數總表」下的「技術指標」可一次調整所有技術指標的參數總表。其實，請你看圖中所圈選的紅色框框，下拉選單練習即可。

指標名稱	參數名稱	日線	週線	月線	分	自訂分	秒線	Tick
成交量	均量1	5	5	5	5	5	5	5
	均量2	10	10	10	10	10	10	10
	均量3	20	20	20	20	20	20	20
	均量4	60	60	60	60	60	60	60
能量潮OBV	OBV均線	10	10	10	10	10	10	10
量能指標VR	VR	26	26	26	26	26	26	26
心理線	短天期	12	12	12	12	12	12	12
	長天期	24	24	24	24	24	24	24

步驟 3：「買賣訊號」尤其重要，為了一次調整所有未來 1. 標準差設定值、2. 均線設定值，這兩個重要的作戰中心參數，你可以在「參數總表」下的「買賣訊號」這個選項當中，一次性的先將後面章節所要介紹的參數通通透過本表一次變更。當然，也可以等實戰之後更熟悉了，再進行更動也是沒問題的。

策略	名稱	日線	週線	月線	分	自訂分	秒線	Tick
CCI買進	CCI	14	14	14	14	14	14	14
	買進	100	100	100	100	100	100	100
CCI賣出	CCI	14	14	14	14	14	14	14
	賣出	-100	-100	-100	-100	-100	-100	-100
RSI買進	RSI	6	6	6	6	6	6	6
	買進	75	75	75	75	75	75	75
RSI賣出	RSI	6	6	6	6	6	6	6
	賣出	25	25	25	25	25	25	25
布林通道買進	天數	20	25	25	12	25	25	25
	乘數	2.1	2	2	2.1	2	2	2
布林通道賣出	天數	20	25	25	12	25	25	25
	乘數	2.1	2	2	2.1	2	2	2
DMI買進	DMI	14	14	14	14	14	14	14
	ADX	6	6	6	6	6	6	6
	啟用濾網	✓	✓	✓	✓	✓	✓	✓
	濾網	20	20	20	20	20	20	20
DMI賣出	DMI	14	14	14	14	14	14	14
	ADX	6	6	6	6	6	6	6
	啟用濾網	✓	✓	✓	✓	✓	✓	✓
	濾網	20	20	20	20	20	20	20

▶ 視窗配色

步驟1：【技術線圖】設定畫面當中的第四項設定為「視窗配色」，共有：1. 輔助線（X、Y軸線條顏色）、2. 背景色（畫面底色）、3. 報價色（K線顏色）、4. 繪圖設定（畫線顏色、粗細）這四個項目。

PS：注意，這與你設定的視窗背景色息息相關！

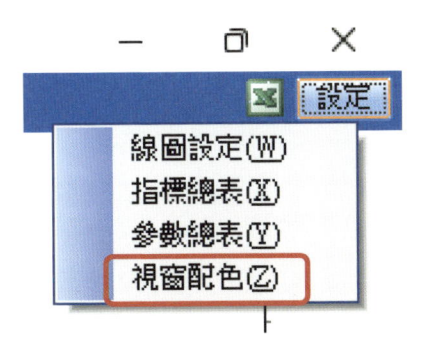

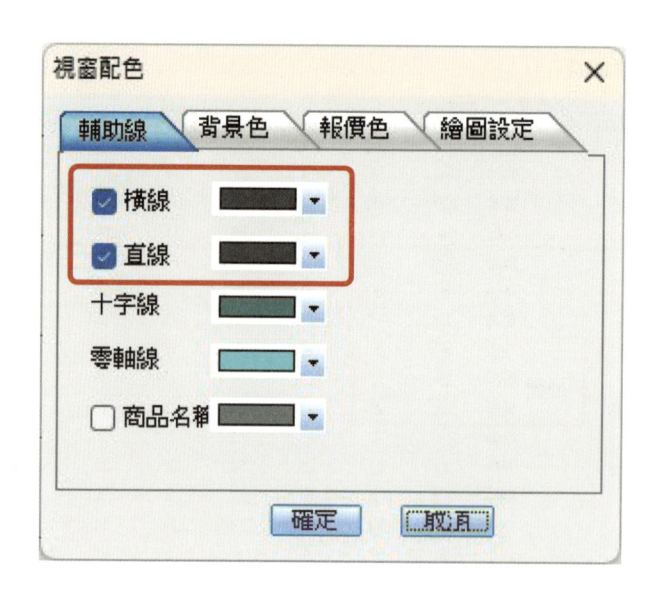

步驟 2：「背景色」，這裡可以調整的仍然是【技術線圖】畫面中的顏色，所以和最初的預設畫面是不連動的。

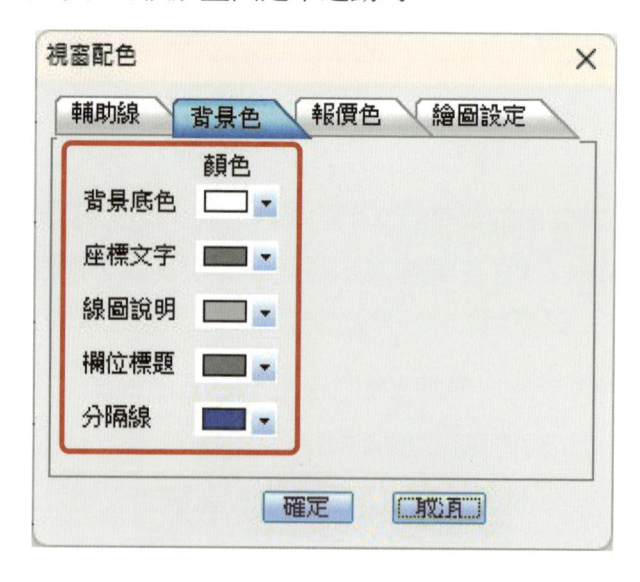

步驟 3：第三項「報價色」，這個單純一點，就是 K 線的顯示顏色。

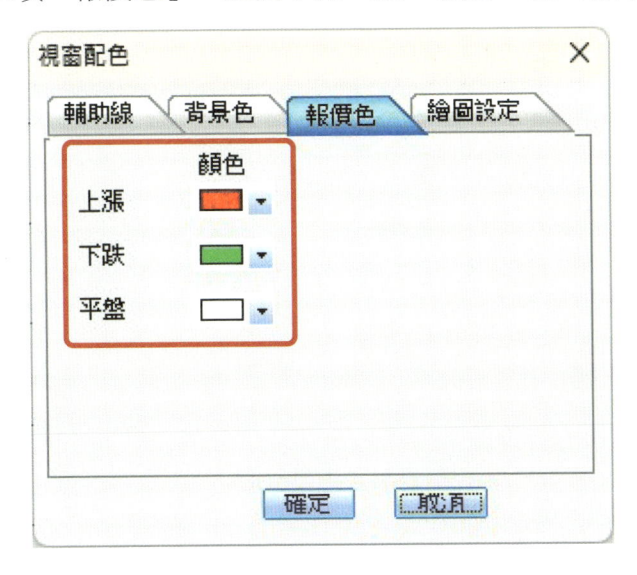

步驟 4：第四項「繪圖設定」，這是你想在【技術線圖】畫面下繪圖的顏色設定，當中包括你可以設定畫線的粗、細。

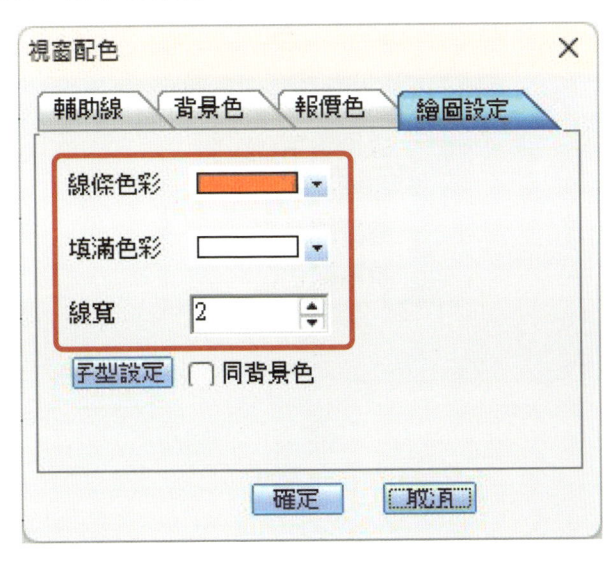

PART
2

04

布林通道買賣參數設定

本章節最後是布林通道的買賣訊號設定，這也將是未來你在擬定投資標的物時最經常性會調整的設定頁面。上述第三小節所說的，通常為一次性調整，除非有更不一樣的戰場規劃或戰術需求，才有可能進行大規模的調整。換言之，相較於前一節的一次性大範圍設定，本節的「布林通道買賣參數設定」屬於【日常微調】。

步驟1：布林通道最重要的【技術線圖】畫面右上按下「設定」，選擇「線圖設定」。

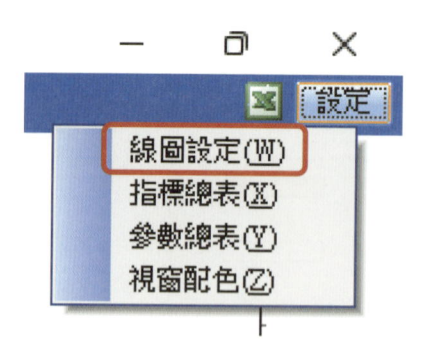

步驟 2：按下「策略」選項，並下拉調整為「布林通道訊號」，然後按下右側「設定」。

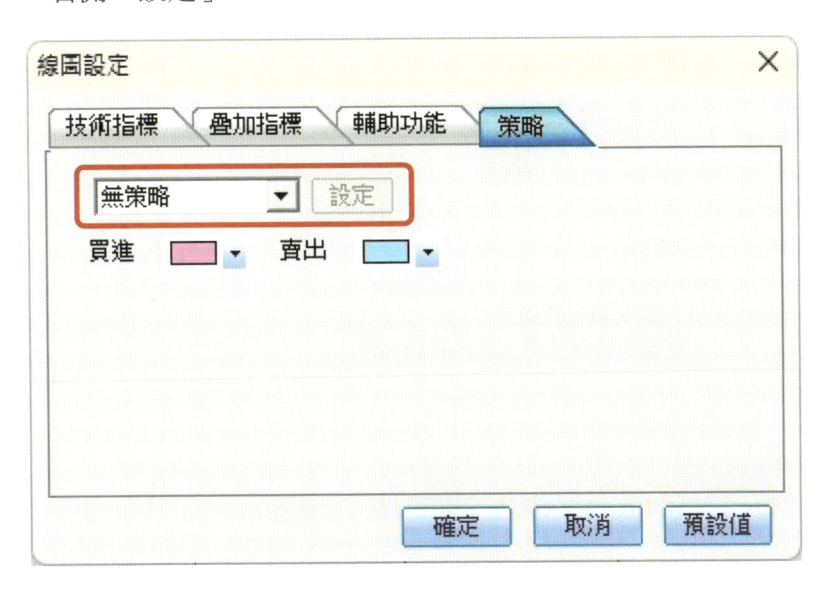

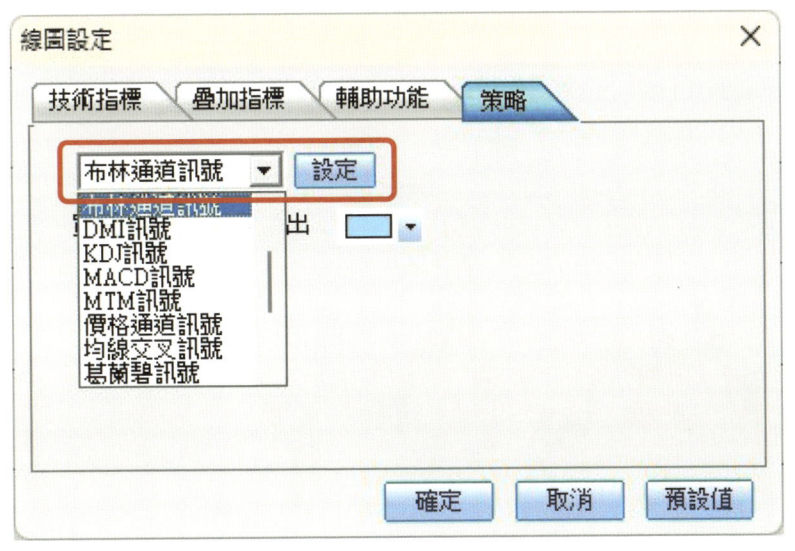

步驟 3： 隨即進入「布林通道訊號」設定，在「買進參數」下調整「天數」以及「乘數」，同時勾選「買賣參數同步」，按下「確定」。

步驟 4： 畫面可看到布林通道在設定前與設定後之間的差異，此刻你就多了新布林通道的「買、賣」訊號！

（布林通道尚未設定前）

（布林通道設定後所帶出的買、賣指標）

PS：這個布林參數的設定，僅針對單一【技術線圖】畫面有效，因此，你若要整體調整，請回到第三節當中的參數總表進行調整。

PART. 3

觀念篇

慎選標的物，
新布林讓你獲利滿滿

天懸地隔用來形容傳統布林與新布林，真的是十分合適的一句成語，不過既然是新布林，那麼便要帶入新的思維用一句話來說明，即新布林最大的不同：掌握「訊號顯化[註1]」的時間點，而你要掌握的就是如何在顯化發生的那個時間點進行交易。

　　要能理解以及貫穿這時間點的運用，將會分為幾個層面，簡單來說，會有兩個基礎點，一是發生訊號的時間，這邊指的是當下；二就是訊號發生明確後的交易時間，這些在未來幾個章節中都會囊括在一起討論，所以嚴格說起來，Part 3 ～ Part 6 是一整套連貫學習模組，不能跳讀。

　　特別是我希望你可以在閱讀這本書時，請先暫時放空你原來所學習過的任何交易方式或各種舊習慣及思維，等待你運用一段時間後，再導入你的覆盤[註2]參數；導入的意思也就是屆時再更新你修正後的參數。來回不間斷的修正一套適合你的交易模式，最後，當然就會練就一套專屬於你自己的獲利模組。

　　相信我，這套新布林一定可以打破你累積多年的困惑，茅塞頓開同樣只是時間的問題罷了！我等著你開竅，我們一起飛向財富自由的國度。

　　在你飛向財富自由的旅程中，我建議你還是需要多加練習。在這個章節中，我用了一些實際案例及參數來幫助你體會布林通道擅長發揮的交易模組。

　　在第一小節中，我用過往未曾運用過的談論方式，希望可以提供大家建立正確的交易觀念。所謂的過往談論方式就是直述的方式，但或許是因為在市場教學的關係，我發現用實際的畫面或圖像結構來釋義，似乎更有效果。因此，該小節中會先提供布林通道基礎參數讓各位有個底，後續方能進行階段性的運用。

在第一小節之後，就要實際運用參數當中的值套用在布林通道上演練，我將透過各種圖像來幫助你尋找合適的交易標的物。換言之，從基礎單純的參數定義進階到圖像的研判，一層一層的引導你進入新布林通道的思考邏輯及運用方式。這好比在人生的交友過程中，你可以理解合適你的另一半的基礎定義，但更要看看一些實際上發生的案例，這算是一個警告圖示，就是不要鐵齒。有些投資商品就是不適合這種交易工具，不要硬綁在一起，最後都是徒勞無功！

　　人們常說：「麵包與愛情哪個重要？」如果可以，我兩個都要，但這也反應了投資人的心態，因此，也就有了這一小節必須要談論的重點。特別是當你的資金水位不是很高的情況下，我當然建議你必須要先以麵包為準，畢竟長輩常說「貧賤夫妻百事哀」，這也不是沒有道理的。

　　另一個角度跟大家分享，我相信在你追求愛情的過程中，一定不會想拖累你的另一半，是不是應該當你在獨立個體時，好好建立一套很好的麵包系統，這樣才可以在你共赴自由的生活中，有一位真正合適攜手相伴的對象。這麼說起來，第三小節就是要幫你審時度勢，研判最合適你的交易標的物；對此，我特別帶來一個比較特別的投資標的物，主要的目的不外乎就是要呼應一下古人，俗話說：「沒比較沒傷害」，既然要嚴選，那麼就嚴選一下投資標的物，做一個對照組，相信可以加深你的投資信仰。你喜歡或合適的標的物是否真的適合你，這一小節你可以好好比較看看。

　　最後一小節，就是正式進入交易需要加倍練習的工作要件。同樣的，我提到在確認過上述的基礎工作後，進行圖案及案例的比對；嚴格說起來，就是所謂的正式交易。而交易就像交往一樣，你必須要理性的檢視交往對象是否符合你的需求；當然，這不容易呀！沖昏頭，因為一時的衝動，你必定有過這樣的經驗。不過我還是要再次的敲打你沖昏頭的戀愛腦，真的能夠攜手相伴走向未來的人生，還是要兩者併行。選擇正確的投資標的物，並運用最正確的交易工具，同時滿足感性與理性的思維，或許在交易這條路上，你可以走得更長、更遠。在本章的最後一小節，在此要提醒你

的就是覆盤與未來的交易規劃，這樣最終才能邁向自由、愉悅與舒服的交易人生。

註1：
顯化是將內心願望與想法轉化為現實的過程，簡單來說，就是夢想成真。

註2：
覆盤原本是「圍棋」的術語，後被廣泛地運用在各領域。意思是當完成一件事之後，回顧事發的整個過程，從中找出失敗與成功的原因，然後擬定往後改善的方案。

PART 3 / 01　**如何尋找合適的交易標的物**

　　市場上目前的主流原生商品大致上有：股票、期貨這兩個類別；其他商品基本上我都是列為衍生性金融商品。換另外一個角度來說，除上述兩類外，都是這麼歸類的。會有這樣的歸類結構，主要的理由是因為套用在布林上時，會讓你更清楚該如何使用這樣的技術分析工具。另外的一個角度，我個人認為，不熟悉的投資商品就不要碰；當然也希望你可以套用得更好，再反饋給我更好的運用方式。

　　回到這個主題，到底該如何尋找合適的交易標的物呢？

1. 透過標的物的波動型態來尋找投資標的物

　　簡單來說，就是檢視你的標的物的波動樣態來研判；如果一個標的物的波動樣態比較偏向橫線「—」發展，那麼這樣的標的物比較不適合短線的操作；同時，也比較不適合套用在布林通道這個技術分析工具上。

2. 調整技術分析工具上 K 線的值來尋找投資標的物

　　承上所述，如果你不能理解什麼是波動型態，你可以試著調整技術分析工具上 K 線的值，而這個「值」的意思就是將 K 線調整為 60 分線、30 分線、15 分線、5 分線、1 分線；如果調整後可以看得出該標的物波動的樣態，那麼也可以解釋為該投資標的物的「股性」或是「波動性」；換言之，只要遠離橫線「—」，型態越是明顯，將更容易套用在布林通道上，代表你合適這樣的交易型態。

另一個說法是，你可能不知道你到底喜歡什麼樣的投資標的物，因為很多新手真的不知道自己喜歡什麼類型的交易，這絕對是正常的！好比說，你沒交過女朋友，在第一次選擇交友對象時，不就是透過直觀的方式來選擇你的初戀對象；而波動性的直觀型態，就是經過你調整 K 線當中所挑選出的型態。

　　這裡要補充一下，這是為了找出你喜歡的標的物型態，不代表這就是你一定要操作的標的物。畢竟，這樣的標的物型態很多，你可以將這些標的物全部收納整理為一個管理清單，後續再按部就班挑選出幾檔你最適合的交易標的物或商品。

　　整理一下投資的邏輯思維，調整 K 線是為了波動性，而調整過程使用的 K 線值：60 分線、30 分線、15 分線、5 分線、1 分線，將影響你的標的物型態由橫線「—」型態，伴隨你的調整後轉換為上下波動的型態。當 K 線值調整至某個參數是你相當喜歡的波動型態時，這也代表是你喜歡的交易頻率，此刻便記下這當中的 K 線值。舉例來說，1 分線的波動型態是你喜歡的，那麼這便是你未來運用在布林通道上的交易要件之一。

　　還是要再囉嗦一下，請你要打從心裡認同一件事，也就是合適的交易頻率不一定可以套用在你合適的交易標的物上。讓我舉例說明一下，有時候人們總會有身不由己之時，簡單來說，你喜歡的不一定是真正合適的；就像你喜歡的對象不一定是可以成為你的終身伴侶意思一樣。當然，更貼近一點來說，未來當這樣的投資型態出現，需要進行交易時，而你正在上班，當下卻無法進行交易，那麼就出現人生有緣無份之遺憾，看得見卻無法為你帶來應獲得的收益。所以，雖然了解自己合適的交易頻率，但仍應考量是否能完成交易，這也是重點要件之一。

　　你一定發現一件事，60 分線、30 分線、15 分線、5 分線、1 分線，隨著你調整 K 線的「值」越小時，波動的狀態越是明顯。再次提醒，越明顯是越活潑的意思，這絕對沒錯。但是你一定要理性加客觀，太活潑你

不一定能駕馭，能否進行交易才是你應認真面對的核心，絕對不要勉強和不適合的對象及標的物往來。

布林參數核心與結構運用

接著，你要懂得運用布林的參數，並套用在 K 線上，也就是說融合布林的參數與 K 線是一件相當重要的工作。布林的參數在 60 分線、30 分線、15 分線、5 分線、1 分線的 K 線裡，都是不相同的；千萬要記住，並非布林的一組參數就可以套用在全部的 K 線上，這絕對是不正確的觀念。下列先分享我的參數資料給大家，請各位使用前務必先建立一個觀念，參數是死的，而人的腦袋瓜是活的，千萬不要被參數綁死了。若因此造成你被綁死，那麼我便罪過了。再次強調這不是解密，所以不要讓我背黑鍋。

現在解釋一下這些參數的觀念，日線有三線參數，分別是 5K 均線、20K 均線、60K 均線，而布林參數就是 20、2.0~2.2 間，透過這三條均線型態加上布林 20 的中值及標準差，得到**波動值**[註3] 來約束我們標的物的買、賣點。有關本組參數所規劃下的結果，通常多為波段性的操作。一般來說，交易發生狀況多為每 1～3 個月 1～3 次，當然研判還是要以你所選擇的標的物為基準，其所表現出來的狀況都會有所差異。

60 分線、15 分線、5 分線、1 分線，則多運用在 3 日內或當沖交易中，同樣的，布林參數用紅色來表示，也許你會覺得這個值好像與均線是重複的；當然，你是可以調整的，千萬不要死用。因為我也是活的，一定會因應不同投資標的物而進行調整。你只要牢牢記住，學好新布林通道一定能幫助你獲利即可。

布林的參數觀念是，一個買或多的訊號出現，下一個訊號就是賣或空的訊號。先補充一下，買、賣一般為股票用語，多、空一般為期貨用語，這看起來像是一段廢話，但實則這就是觀念及心法的精隨所在了！從型態上的實務上來說，你總不可能一直盯著螢幕操作你的標的物，包括我在內，有些時候就是會錯過進場交易的時間點，那麼心法是什麼？答案就

表 3-1 布林基本參數設定值

買賣參數值		同時買賣參數值可以參考均線的中值					
		短		中		長	
日	20	5	相當5day	20	相當20day	60	相當60day
波段交易		波段操作(波段壓力觀察區)					
60分	6	4	相當1day	6	相當1.5day	12	相當3day
交易行為分界點		核心、期貨走勢(區分多空力道)					
5分	6	4	相當20分	6	相當30分	12	相當60分
短線交易		短線操作(當沖交易)					
1分	30	15	分	30	分	60	分
標準差值		2.0~2.2					

資料來源：作者提供

是訊號。歸納一下，這只會有幾個狀態：一是訊號正在發生中，二是訊號已發生完成。而訊號正在發生中又分為兩種，一是訊號發生中，二是訊號在發生過程中消逝。因此，搭配你是波段交易或是當沖交易，這才是你必須要釐清的操作要件。

再講得清楚一點，為了投資標的物的操作週期及交易頻率，在基礎上我們運用了三條均線作為基礎，並套用布林的中值及標準差創造買、多及賣、空的訊號，來幫助我們如何進場交易。

重要的觀念就是三條均線及布林中值、標準差這三個要件當中的運用；心法則為參數的調整，並結合一個買、多後搭配的就是賣、空的節奏，周而復始，循環交易。

表 3-1 的運用方式請務必詳細了解一下。

首先，請先看買賣參數值這一列，如果你的交易模式是波段交易，則採用日 K 線，買賣參數為 20 這個數值；如為短線交易，則建議設定 1 分 K 線，買賣參數為 30 這個數值。另外，設一個 60 分 K 線為一個中性交易行為分界點給你，主要的目的是為了幫你區分你的交易行為屬於何種型態。

接著,請看右上一行「買賣參數值可以參考均線的中值」,主要是為了增加你可以觀察的K線型態,以及辨識你的交易型態,亦或是對應的交易標的物。至於標準差,同樣定義在 2.0～2.2 皆可。

小結

- 找交易標的物的方法:
  1. 看波動型態(波動大才適合)。
  2. 調整K線時間(60分、30分、15分、5分、1分)去找波動型態。
  3. 記錄自己喜歡的K線頻率(形成你的交易節奏)。

- 布林參數核心應用觀念:
  1. 布林參數「是死的」,操作人「是活的」。
  2. 60分、30分、15分、5分、1分線,每個時間層需要不同布林參數。
  3. 波段交易:日K線(20,2.0～2.2 標準差)。
  4. 當沖短線交易:1分K線(30參數)。

- 溫馨小提醒:
  合適 ≠ 喜歡
  喜歡的不一定能操作到(例如上班時間中錯過指標訊號的交易時間機會)

註3:
這裡所謂的**波動值**,意思是將你的參數套入布林通道後所產生的買、賣訊號;但波動值的原生概念是原生布林通道上軌、下軌間的標的物價格波動。另外,會這麼說,其更深度的含意是未來在自動化交易系統發展成熟後,你所設定的參數將會產生一個自動買、賣的數值,而這個值也將成為你日後的重要交易值。

PART 3 / 02

非所有標的物均適用新布林

在這一小節當中，我想用兩個實例來試著說明一件事，就是將新布林通道套用在你所選擇的標的物上。當然，這是為了彌補上一節文字表述不足之處，在這節即是用圖像來說明，幫助你建立新布林通道的選股要件。同時，為了要減少技術分析及選股上的要件，因此，我會習慣性錨定一個要件，才不會發生你的思維渾沌之情事。

1. 錨定面向一波動狀態：

從大家關心的護國神山 2330 台積電來看看，這個面向是為了演示新布林的波動狀態，並套用一個布林參數中值，端看一個變化來理解新布林能為你做些什麼？

首先錨定一個一年的台積電日 K 線視窗，依我的視窗可容納的期限範圍為 2023/11/14 ～ 2025/01/22，你可以看見布林所帶出來的買多、賣空訊號，清晰可見，非常容易辨識。而下一個將出現的就是「買、多」的訊號，很簡單沒錯吧！話雖如此，我還是希望你能更加倍精進學會更多的操作技法……等等。總之，學海無涯，拼命練好都會是你內斂、你底氣的養分。

圖 3-1　2330 台積電，日線圖，2023/11/14～2025/01/22。

　　接著，我只調整 60 分 K 線視窗，同樣會自動帶出來的期限範圍為 2024/11/01～2025/01/22，同樣的，可以看出在某一期限範圍內，布林帶出的買多、賣空訊號。看到這張圖，你就應該要有另一層思維才對；也就是 2330 台積電在日線的布林訊號與 60 分線的布林訊號，這當中的差異之處是交易週期。

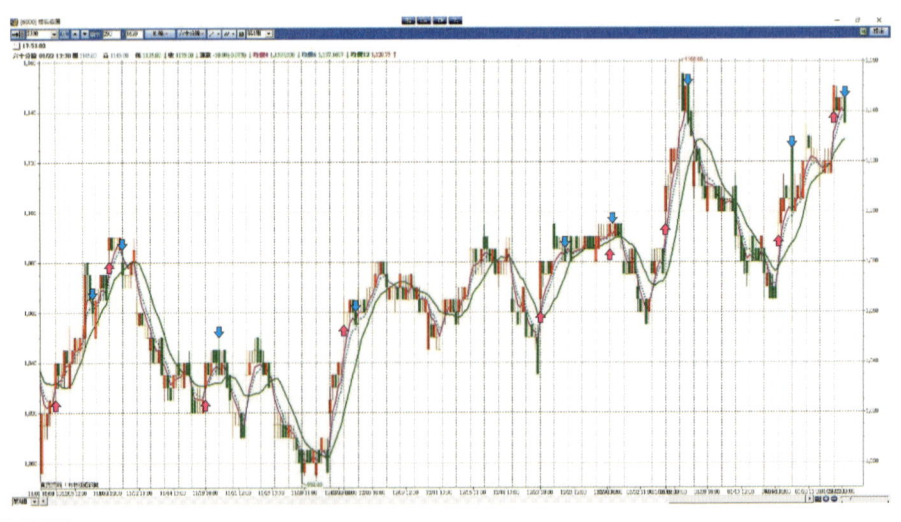

圖 3-2　2330 台積電，60 分線圖，2024/11/01～2025/01/22。

圖 3-3 2330 台積電，5 分線圖，2025/01/15～2025/01/22。

　　再來看5分K線視窗，自動帶出的期限範圍為2025/01/15～2025/01/22，也就是約莫 8 天的交易資料；相信你會發現相當多的布林訊號，是不是不知道該如何下手？沒關係，等等會連同 1 分 K 線視窗一起解說。

　　快量倒了吧？！1 分 K 線視窗，自動帶出的期限範圍為 2025/01/21～ 2025/01/22，也就是僅 2 天的交易資料。這樣說起來，這是布林的**鈍化現象**嗎？答案當然不是！其實正確的說法是這樣，布林通道並不適合這樣的投資標的物。這也是我常說的觀念要對，才能做最正確的運用；同時你更要懂得放空亦或是放下，並非每個技術分析工具都是完美的。雖然我常常聽到許多人說技術分析工具鈍化這件事，但我更願意說的是，技術分析工具原生時便有其特長，你應該學會的就是發揮這樣原生技術工具的強項才對，看長處不看短處可以讓你更正面。

　　再舉個例子，好比一把槍跟一座大砲一樣，把大砲當槍使用，不是不可以，而是合不合適，對吧！又或是說你把槍當大砲用，最終你期望這個效果是好的，會不會是一開始你的認知觀念就出現問題了，而並非是技術分析工具出錯了呢？！

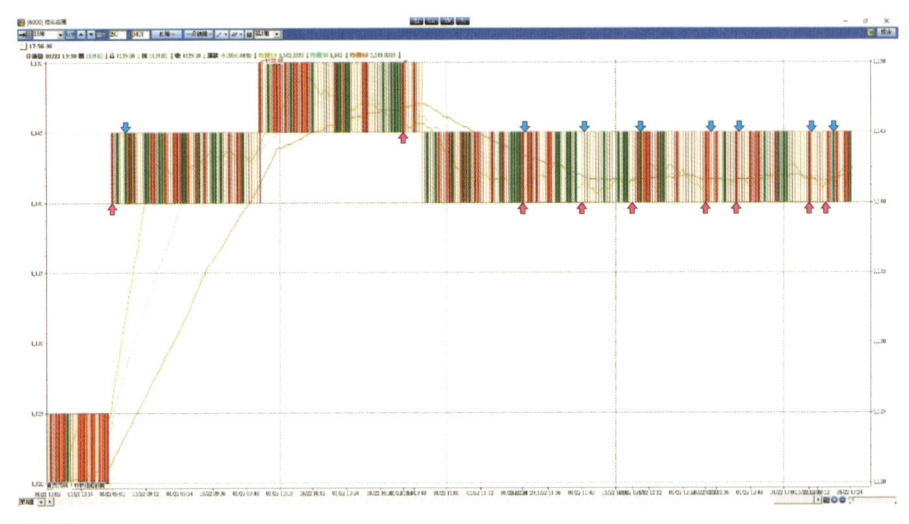

圖 3-4　2330 台積電，1 分線圖，2025/01/21 ～ 2025/01/22。

　　這個錨定面向說起來是一個還不錯的例子，這樣可以更清楚的透過布林通道訊號幫你分析出，護國神山 2330 台積電是比較合適用波段交易，而不適用短線操作，這就布林通道的優勢之一。

2. 錨定面向—個股樣態：

　　從個股的型態來挑選股票，一起來看看這個比較不易解說的題目——個股樣態。這個面向找了 2020 年瘋迷全台的航海王：2603 長榮、2609 陽明、2615 萬海做說明。因為這實在太不好找了，但你也可以透過這個股型態來學習另一種技術分析。這是個股型態學當中的「箱型型態」，同時也是飆股的特徵，個股長期間的盤整，形成一個箱型結構，待箱型突破後，即可能發動一波強勁的漲幅。

　　不過，本書的核心是布林通道，所以還是要回到這個主題來說明。在箱型的個股型態中，你可以明顯的看到布林通道觸發買多、賣空的機會十分頻繁；因此對於投資人來說，若你是波段型操作的投資人，那麼如此頻繁的交易會耗損較多手續費，很可能在來回操作的過程中，將你的投資底氣耗盡。所以這樣的股票型態，基本上不建議套用布林通道進行交易。

圖 3-5　2603 長榮，日線圖，2014/10/21 ～ 2020/10/21。

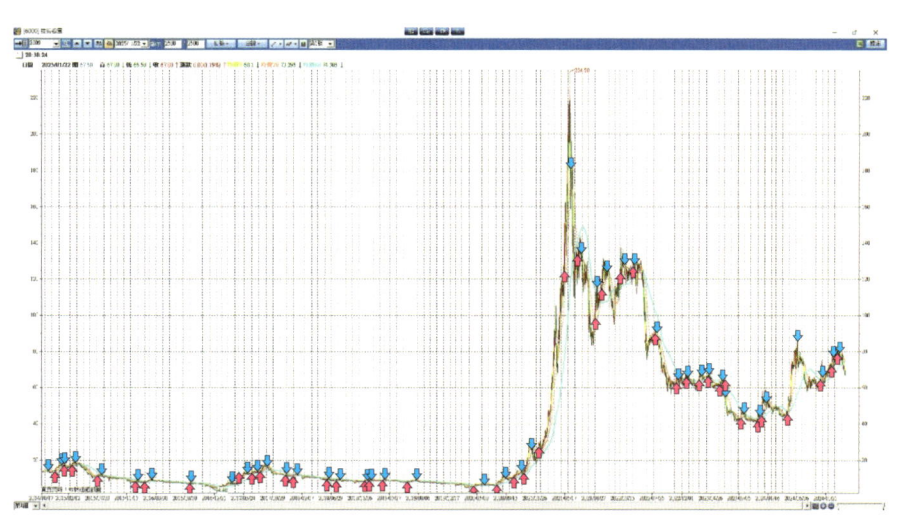

圖 3-6　2609 陽明，日線圖，2014/10/17 ～ 2020/10/21。

圖 3-7　2615 萬海，日線圖，2014/10/30 ～ 2020/10/21。

　　2603 長榮、2609 陽明、2615 萬海，同屬於航運股的股票。若你在使用布林通道過程中，特別是日 K 線，倘若有發現大量的布林買多、賣空訊號，用另一個角度來說，便是你發掘了潛力飆股。這樣型態的股票，未來將會產生驚人的漲幅。

PS：你仍然須留意該股的成交量狀態，這又是另一門重要的學習課程，建議你也要花時間好好學習。

　　有關股票的型態我簡單補充一下，因為可能有部分的新手投資人，用最簡單的股票型態來說，基本款有三種：上升、盤整、下跌，當中的盤整就是箱型。那麼你一定會問，只有這三種嗎？答案當然不是的。市場上主流型態有兩個我十分推薦，一是波浪理論，另一則是葛蘭碧法則。這邊補充說明的理由是，這代表除了布林通道外，你若願意學習更深度的型態學，那麼這兩個技術分析理論也將是提升你戰力的最佳課程。當然，也歡迎你可以耐心的等候我發行這系列的書籍，並給我更多的反饋。還有另一個選擇是，可以前往「理周教育學苑」參加現場或訂閱我的線上課程，2025 年期間應該會提前發表這系列的課程。

最後在這節有個總結，選擇合適的投資標的物固然是件辛苦的工作；但至少，在 AI 尚未能精準從 1,800 家上市櫃公司為你找到合適標的物之前，你可以輕鬆運用布林通道比對手中的個股型態，從而找到最合適你交易頻率的個股，來進行波段或是當沖投資交易。另外，還有一項最重要的事，就是海量的學習與融合；這是引領你走向財富自由過程中最重要的任務。

小結

找標的物實戰案例（台積電 vs 航運股）

- 護國神山台積電（2330）

    1. 日線、60 分線：適合波段。

    2. 5 分線、1 分線：訊號過多，反而容易混淆。

- 航運股（長榮、陽明、萬海）

    1. 箱型盤整→不是新布林適用的理想標的物。

    2. 如果訊號爆大量反覆→有潛力變飆股（需留意成交量）。

PART 3 / 03

波動大才是最適合的交易標的物

　　選股如果是你的障礙，那麼到底該如何克服這個問題呢？其實，這個問題我就擅長了！但適不適合你，就要看你閱讀完本節之後。

　　股票的型態越是有波動，甚或是來回的波動越大，對於你要運用布林通道這項技術分析工具就越有利。端看整個投資市場，除了股票外，就屬期貨是最合適你的選擇。理由當然是你不需要選股的工作，同時又可以運用布林通道這項指標型工具來幫助你日日收益獲利。當然有許多人對於期貨是有很多誤解的，高槓桿、高風險是一般人的看法，在此，我要提出新的看法與你分享。

　　股票風險高嗎？一個簡單的舉例，就以上櫃公司或興櫃公司來看，公司的股本要求只要實收新台幣 5,000 萬元以上即可，當然還有會計師合併財務報表及獲利、淨值等相關規定，那麼說起來也就有 6 億～ 20 億之間的事。換言之，以台灣市場派的實力、投資顧問公司的實力、主力……等等，手上資金擁有上百億的不在話下。也就是說，這麼多機構或人都可以輕易的操作某一檔個股，那麼你覺得你的投資風險會低嗎？再說，如果你並沒有內線消息或是長期間的觀察董事會的動向，你覺得你能夠與這些控盤者齊頭並進的聯合操作嗎？以我個人來看待這件事，可用天方夜譚這四個字來認定，我也……太難了吧！

　　期貨風險高嗎？我用另外一個看法來談這件事！期貨市場有誰能夠主宰而成為控盤方？答案是控盤者必須要有能力同時掌控現貨市場（也就

是股票權值股，如台積電、鴻海、國泰金、長榮……等等），還要能夠同時對應操作期貨市場；這個難度到底有多高呢？簡單來說，台灣每天的當沖交易至少有上千億，而能夠做這些交易的機構，就是外資、投信投顧、自營商，大戶可能只能操控幾分鐘期貨（也就是大戶的實力也不過僅能做到單項交易，期貨或股票；而沒有能力控盤），所以影響台灣加權指數的走向就只有三大法人，這個難度也就造成了指數期貨波動是屬於型態明顯、容易操作的標的物。除此之外，更遑論掌控期貨市場的機構還需要同時具備操控美國股市的能力。就以台灣市場而論，至少也要能掌控（TSM，台灣在美國發行的股票），這絕非一般常人所及的能量。再換個說法，期貨市場是沒有誰可以完全主宰的市場，而股票卻是有可能因為主力鎖定籌碼，進而影響股票未來的走勢，要漲要跌都是主力說了算！這樣的風險才是最可怕的，同時一個產業的消息也可以被完全封鎖，整體來說，股票的高風險並不低於指數期貨。

你一定很好奇，期貨到底是不是高槓桿的商品，答案是肯定的。這個高槓桿問題就不贅述，GOOGLE 大神、ChatGPT 都有詳盡的說明。

整理一下這節的重點，當你透過布林通道的指標要套用投資商品時，建議一定要找波動性高的商品為首選。列舉指數期貨的例子，是因為若你不想為尋找投資標的物而苦惱，可以將此商品做為你的投資標的物。當然這些都是有前提的，如果你是不能夠進行當沖交易者，我個人是不建議你選擇期貨作為投資標的物。其主要的原因另外還有一個，期貨為一期限間的交易商品，故會有持有時間到期的壓力，也就是大家常說的需要平倉、轉倉。所以若你可以進行當沖交易，那麼套用布林通道指標進行期貨交易會是一項風險可控的投資選擇；若你無法進行當沖，則仍要回到股票市場才是王道。畢竟，在這樣的波動過程中，雖有布林通道指標的協助，但你錯過的機會是相當大的。至少股票操作過程中比較有挽回的機會，只要你的布林通道參數不要調得太短線，那麼我的最終建議版，股票可以採用日K線為核心，再加上波段式的操作，選擇具有波動性的股票型態；那麼這個布林通道指標將會是你的最佳得利助手。

表 3-2　2025/01/22 農曆年前的三大法人買賣金額統計表

單位：元

單位名稱	買進金額	賣出金額	買賣差額
自營商(自行買賣)	5,144,514,902	2,629,044,714	2,515,470,188
自營商(避險)	10,673,083,001	9,197,719,149	1,475,363,852
投信	7,973,779,817	7,206,610,233	767,169,584
外資及陸資(不含外資自營商)	145,748,677,987	130,129,692,253	15,618,985,734
外資自營商	0	0	0
合計	169,540,055,707	149,163,066,349	20,376,989,358

資料來源：作者提供

小結

- 合適的交易商品範例：
  1. 股票適合波段。
  2. 指數期貨適合短線、日內沖。

- 關鍵提醒：
  1. 期貨市場難被單一主力操控，操作型態比股票單純。
  2. 但期貨需要能做「當沖」，否則轉倉壓力大。

PART 3 / 04

不論何種標的物，關鍵要合適且舒服

　　沒錯，布林通道的指標是一項十分容易就手的技術分析工具，但在我學習及運用的過程中，陷入迷失也時常發生，而且這個時期並不短，所以在這節中，我希望可以幫助你盡快打破這個迷失，早點運用在你的投資標的物上，並獲得成功。

　　首先，布林通道的參數運用與你的投資標的物息息相關，所以你必須堅持一件事：優先決定你要成為一位波段型交易者，或是一個當沖型交易者。若你一直遲遲無法決定，那麼你就容易陷入這個迷失當中，因為你會不停的轉換身分。在某個層面來說，你希望短線又能獲利，波段中又能獲利；在不停的轉換過程中，這些布林通道指標的買多、賣空訊號會讓你猶豫不決，最終當然就陷入交易迷失中，而找不到真正的交易出口。

　　我提供你一個好方法來幫助你研判，教你如何走出這個迷失。在此之前，你必須要準備一台電腦，至少兩個螢幕或以上；理由，因為你可以將你投資標的物套用布林通道的日 K 線、60 分線、5 分線、1 分線（也就是除了一般預設的畫面外，將你的投資標的物套用布林通道至少 4 個分線），這樣的作法是可以讓你同步看見該投資標的物在布林通道上的表現。透過 4 個 K 的分線來幫助你快速學習布林通道的參數表現，當然你可能會受到影響，最終交易大亂。不過，這不要緊的；所謂亂中會有序，你不亂，如何找出你的交易軌道及核心，對吧？！（提醒你，練習中若有壓力，別怕！可以先透過零股交易來達成你修煉成果；亦或透過微期指的交易來練習，每點 10 元，同樣可以達到你想要的效果），欲練神功無須

自宮，只要記住一件事：每天交易後都要進行覆盤作業。什麼是覆盤作業？覆盤就是每天交易結束後，重新檢查你的交易時間，並記錄下你參考的是哪一個 K 線的布林通道指標，快則不用三個月，你必定可以找到你的交易邏輯。

　　為了找到合適的交易，覆盤工作相當重要，要透過三個月的練習，你就可以確定你是何種類型的交易者；評判的標準為一總交易數，將交易總數／交易天數，就可以找到你適合什麼交易了。至於投資標的物這件事，在你練習的過程中其實早已決定了，是股票或是期貨，相信你比我更清楚。若還是不清楚，再繼續練習三個月，真沒答案可以到臉書與我聯繫，帶著交易資料及覆盤資料來找我，我會幫你解答你是什麼樣類型的交易者。

　　俗話說：天時、地利、人和，在交易市場裡對應的一是時間、二是交易標的物、三是交易工具。所謂的意外，就是意外！天災、人禍，這些都只能短暫的影響投資市場的走勢，但不可能影響整個投資市場瞬間崩垮。回到我們的核心主題，找到合適的交易標的物、合適的交易工具、合適的交易時間，這三項俱足了，最終就是要邁入舒服的交易這個環境。

　　何謂舒服的交易？說難其實不難，但說不難卻又很難。目前我正準備進入這個環境，先聊一下我的煩惱，因為有了這項十分好用的工具，再加上我已有了很好的投資標的物（期貨），而現在最需要的就是發生的時間。對於發生的時間，我一直無法掌控，所以深層的困擾著我。所幸，運氣很好，近期獲得了市場上的技術支援，我將於 2025 年開發全面程式化的自動交易系統。這是最後的一哩路，很近但也很遠；不過我的優點就是克服困境，希望我的這個優點也可以與大家分享，相信不久的將來，我將完成。屆時，一定跟大家分享這個優質的系統平台；沒錯，是系統平台，一個人的獲利與自由，不如大家一起創造自由與快樂。平台是為了實現舒服的環境，期待他日也有你相伴。

在下一章節中,我們要進行實戰的演練,希望你可以準備好與我一起飛翔在輕鬆、舒服的交易市場。

> **小結**
>
> - 如何走出交易迷失:
>   1. 同時開日K、60分、5分、1分線。
>   2. 每天交易後「覆盤」紀錄:看哪一種K線最適合自己。
>   3. 3個月內找到自己「最合適的節奏」。
>   4. 覆盤公式:【交易總數 ÷ 交易天數】=找到自己的交易頻率

PART. 4

實戰篇

新布林參數實測及案例解析

進入了實戰，優先要建立的就是戰鬥視窗，在第一小節就是要完成這件事。另外，透過一個實戰的標的物來說明你需要建置的環境。其實，不論是股票或期貨市場，以三大法人來說，基本上都已進入程式化自動交易了；也就是說，用打架來做比喻，大家上戰場都已經使用自動步槍了，若你還是拿著一把刀上場，你要活命的機會則是微乎其微。至少你應當個狙擊手，等待好的時間點出手，將可以穩穩地拿下你的投資標的物，這也是你還沒擁有自動化步槍前的唯一選擇。在這一小節就是要建立你的瞄準器準心、計時器以及發射子彈的板機，評估一下你可以建立的作戰環境。

　　在實戰的作戰環境中，由於實際戰場總是變化無窮，所以一定要隨時掌握最新訊息，並調整你的戰鬥結構，因此，第二小節將會帶你到控盤中心進行調整你的戰鬥模組。這節不僅要帶你開通戰場的宏觀結構，更要隨時透過監控系統調教合適你的最新交易戰術，讓你充分掌握實際戰場的即時資訊。切記，這一小節不是模擬，而是真正的實戰，你是指揮官，要懂得觀察及調控你與盟軍之間的聯合戰術該如何下達，必須要學會當一位好的狙擊手以及指揮官的角色，瞭若指掌的通盤掌握戰場動向！

　　交易調度，同樣是當你在實戰過程中必須能運用的技法。對許多人來說，這是技法，但在第三小節我想告訴你的事，是任何一位指揮官或狙擊手都有可能會下錯指令，不過你不用擔心，因為這是常態，重點是身為指揮官的你要如何扭轉局勢，甚至是在你發動攻擊後，即便是錯誤的指令，也不用有壓力！雖然，這是很難的一件事，但正因為它很難，所以這一小節要讓這件事變得簡單，教你如何從容不迫的從這場戰役中順利獲得你應有的收益。

　　現場實戰中，你要能夠理解，這不是你一個人的武林；換言之，戰場中高手如雲，就本章節所做的案例期貨商品來說，你永遠是在參與50%上下的盟軍當中。沒錯，就是這個概念！不是多就是空，

跟著大局走、大戰場走，你的操作風險相對就會低許多。但選擇盟軍除了要觀察你手中的控盤系統外，可以加入其他簡單又好用的技術分析工具或是技法，第四節就是要導入這項簡單的技術分析工具給你，讓你可以更上一層樓的安心交易。

　　實戰篇章的最後，當然就是談如何管理你的戰果！在這小節中，我會分為兩個層面，其一是讓你在當下即時發展你的戰果；其二是戰後盤點，將每日的戰果做其他運用，亦或是說，發展一個新的投資市場。畢竟，隨時間的演進很可能你的交易結構會改變，不妨可以參考我的戰果管理方式，也許也能為你帶來新的思維。期盼我的戰果管理方式，或許也能在此過程中，為你建立出一套新的獲利模組。在這最後一節，我們一起看看有哪幾種方式可供你參考。

PART 4 / 01

準備好你的武器
——設置專屬你的控盤中心

開戰前先補充說明，本戰役交易對象為台灣指數期貨商品，理由前面章節已說明過，為了更具有波動性，因此選擇此商品做為本戰場的首選交易標的物。另外，還要再補充一點，此戰役會以各種時間序的角度說明你應該如何透過新布林通道來操作，因此，你要時時刻刻專注在我所顯示的圖示及表達的對應文字關係中。

話不多說，一開始即是建立你的控盤中心。首先，控盤中心至少需要兩個電腦螢幕，當然如果可以四個螢幕會輕鬆一點。你不用擔心，如果你無法建置四個螢幕，兩個螢幕其實也是夠用的。稍後會將四個畫面做獨立說明，同時若你只有兩個螢幕，該如何設置你的控盤中心也將與你一同分享。

▶ 系統預設

1. 第一視窗【主系統功能頁面】

一般來說，券商系統一開始都會有預設的底層系統，或者說是原生主系統。通常這系統能調整及變化的格式並不多，再加上既為底層系統，也成為你的原生控盤畫面之一，因此我不會特別調整這個底層系統。從另一個角度來說，底層系統若改變太多，會連動影響你加開的其他視窗，再次建議這個視窗不要過多的調整，以免干擾你設定其他視窗。通常第一視窗也為該系統的主功能系統核心，保留下來也是必要的。

第一視窗的功能頁面有蠻多功能的，各位指揮官、狙擊手請要熟悉你的控盤系統才行，如下圖。

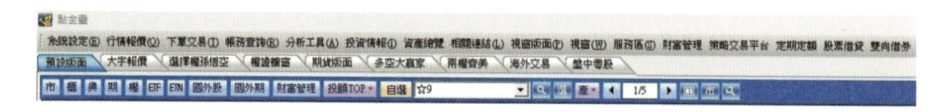

PS：在這裡要強調一下，我們使用的系統是元大點精靈，但若你有更方便的系統可以到臉書留言給我；我沒有元大證券的業配，純粹以我每日交易控盤的系統做分享。

A. 第一視窗＝主系統功能頁面

如下圖，為完整的第一視窗畫面，其中的【系統設定】可以調整本視窗內，即【預設版面】內的各類資訊。

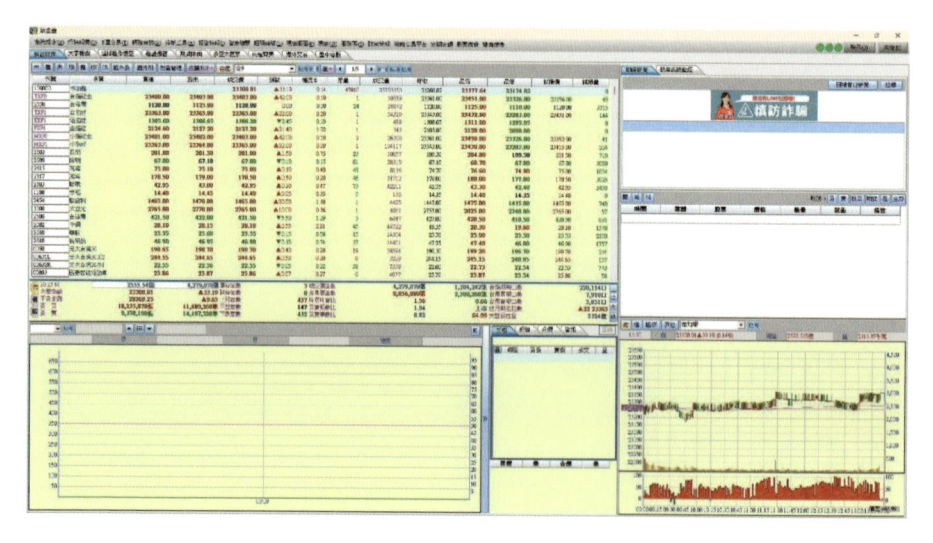

在這個視窗中，因為操作的交易標的物為台灣指數期貨[註1]，所以你可以看到我將台灣 100 家權值股[註2]上市櫃公司納為名單觀察，這是觀察市場動態的第一視窗。同時也因為台灣指數期貨為連動台灣的現貨市場，因此，現貨市場也就是股票部分同時是你要觀察的要件之一。

2. 第二視窗【技術線圖分割版面】

　　這也是兩個螢幕必須要加開的系統，特別是當沖交易者必備的畫面。而稍後的第三、第四視窗，則可以依照你不足的電腦螢幕進行調整，僅留下第二視窗或第三視窗都是可以。為何沒說第四視窗？等會你就明白了！先把每一個視窗談完，你可以依照自己的需求調整你的控盤中心。

　　這個視窗的設定有一點多，建議你可以簡單看一下文字說明，順一下流程。當中我會提供每個步驟的畫面，Step by Step，將每個動作都截取畫面，讓你一定可以完成四等分的視窗畫面。

A. 文字流程：

　　首先進入主系統功能頁面，選擇【視窗版面】進行調整→【我的自訂視窗】→【視窗代碼：8800 我的自訂視窗】→【更名我的視窗】→【視窗代碼：8800】→【自訂名稱：脫胎換骨—新布林」】→【點此開始設定】→【框架設定】→【分割方式】→【水平分割】→【點此開始設定】→【框架設定】→【分割方式】→【垂直分割】→【設定框架內視窗】→【快速查詢】→【輸入「6000」】→【按「查詢」】→【▶】→【按「確定」】。

B. 圖示流程：

（1）【第二視窗→主系統功能頁面→視窗版面→我的自訂視窗】

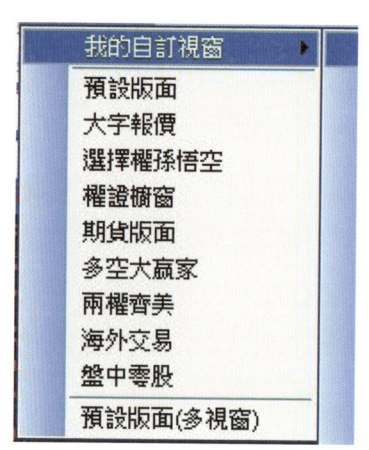

（2）【8800 我的自訂視窗→更名我的視窗】

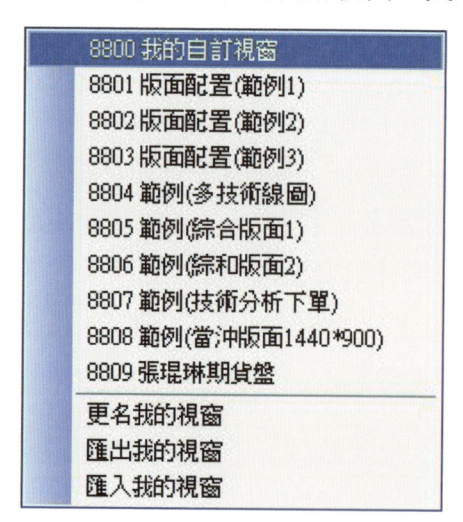

（3）【更名我的視窗→視窗代碼：8800→自訂名稱：脫胎換骨－新布林」】

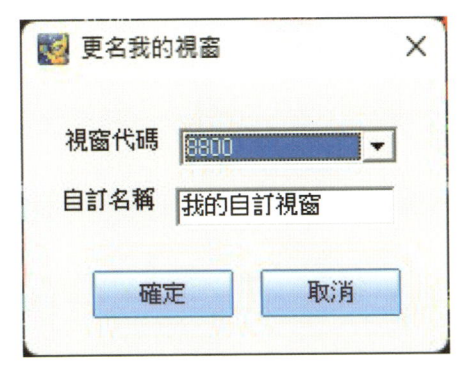

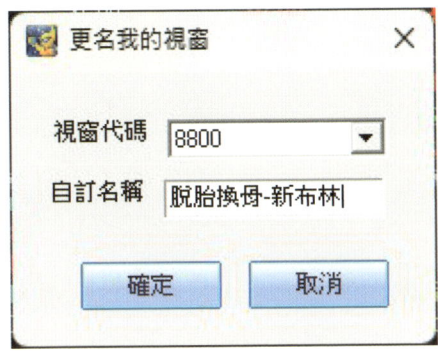

（4）【8800 脫胎換骨－新布林→點此開始設定】

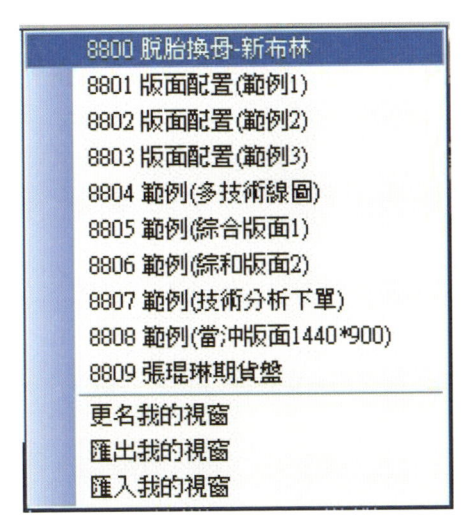

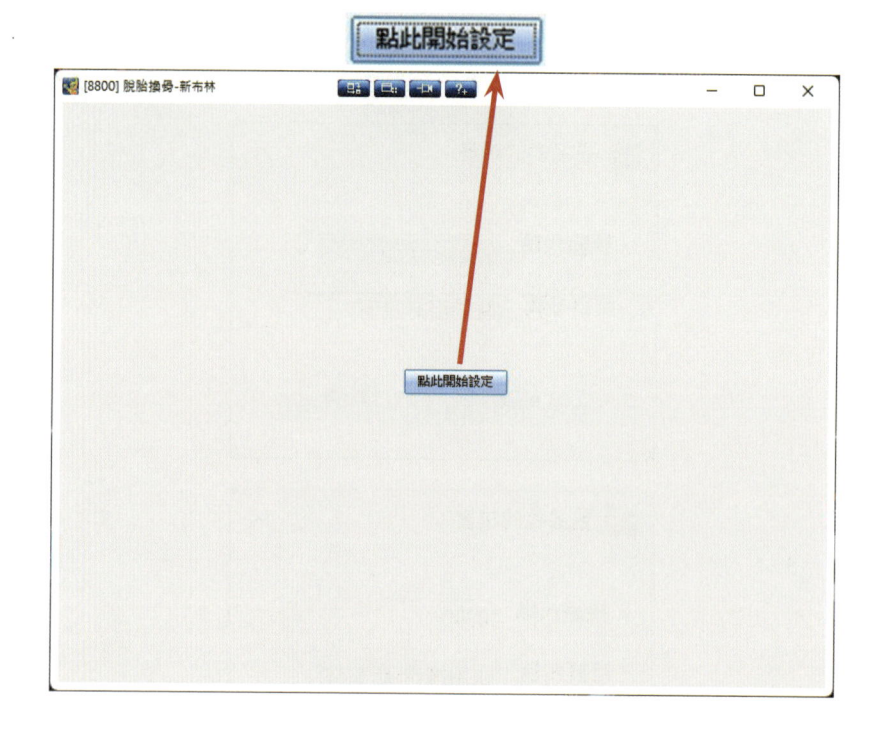

（5）【框架設定→勾選顯示框架→分割方式→水平分割→分割數量】

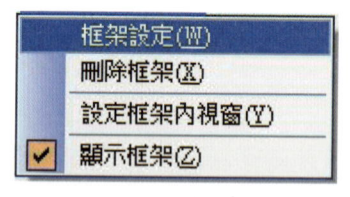

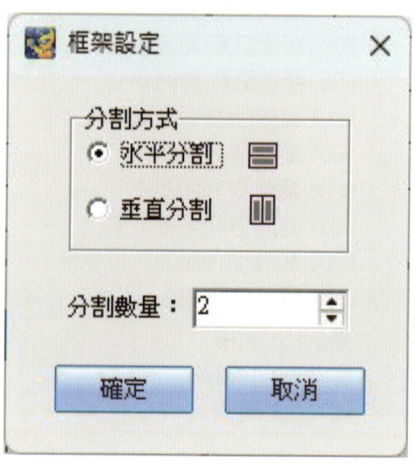

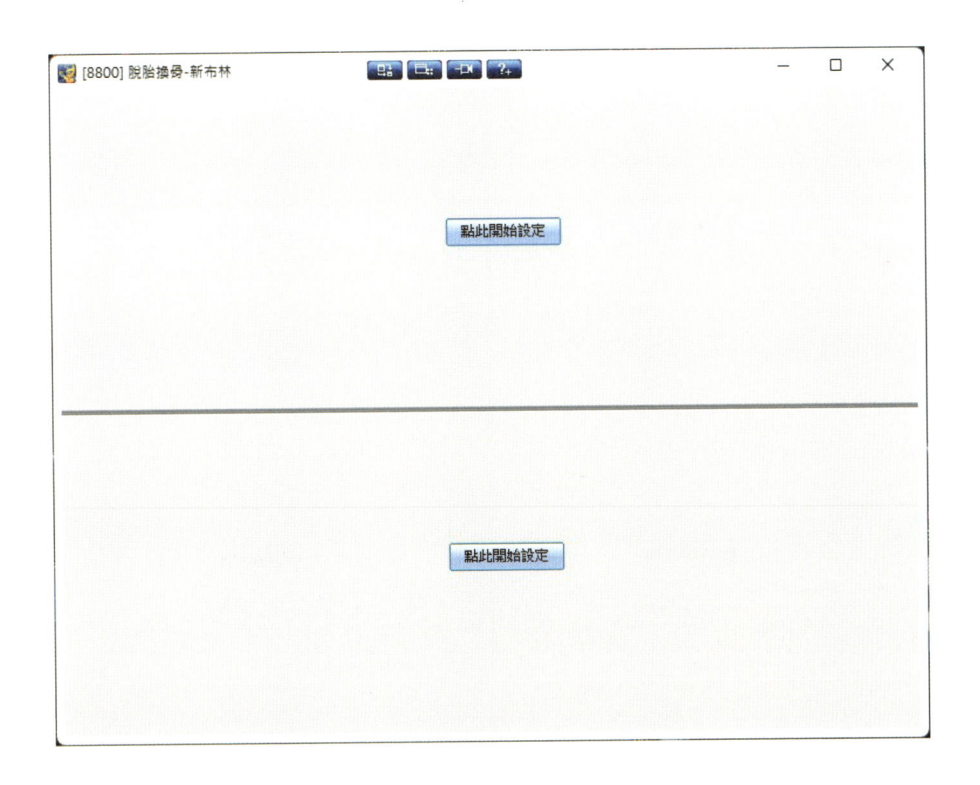

（6）【點此開始設定→框架設定→勾選顯示框架→分割方式→垂直分割→分割數量】

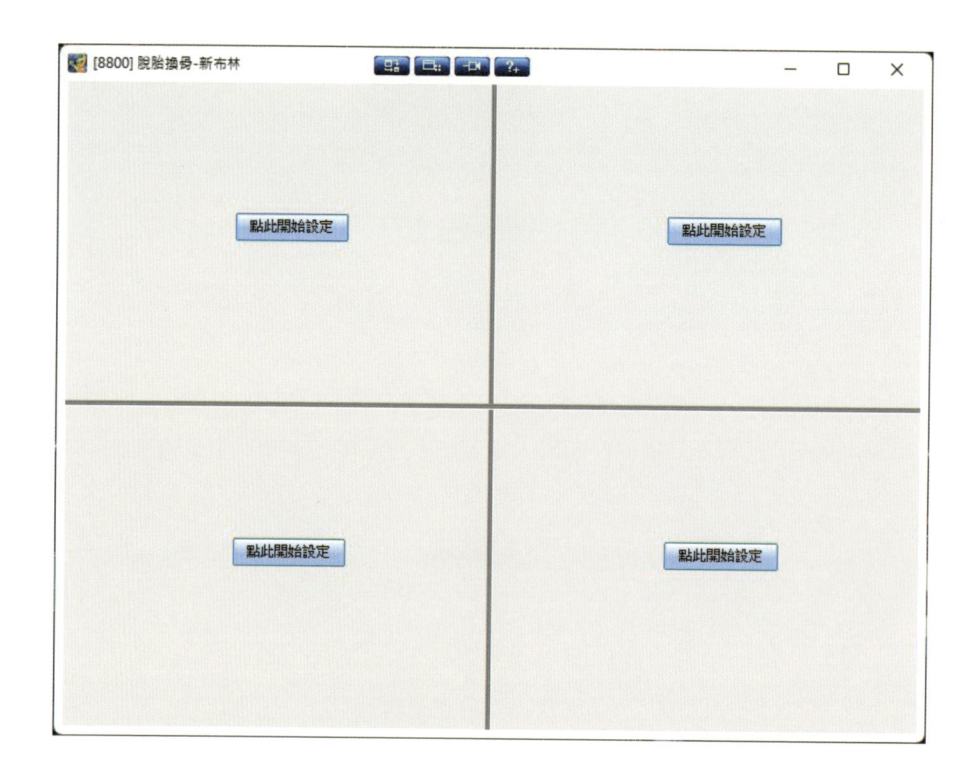

(7)【設定框架內視窗→快速查詢→輸入「6000」→按「查詢」】

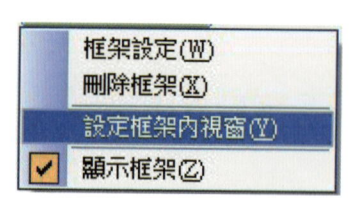

編輯框架內視窗

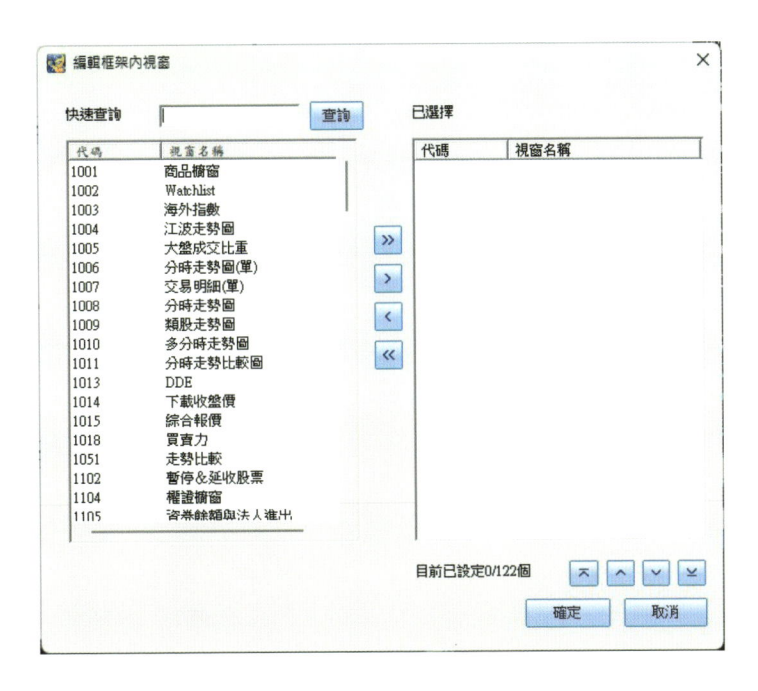

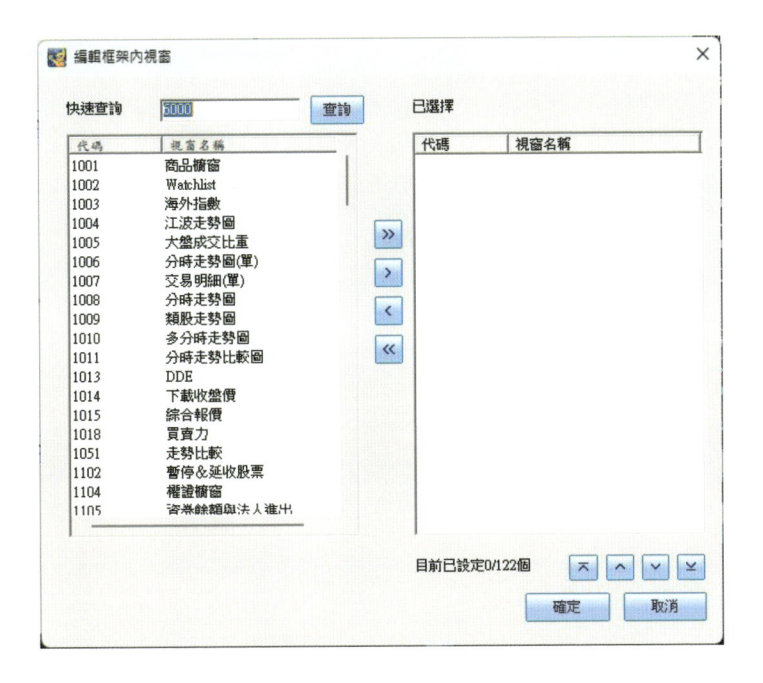

代碼	視窗名稱
1001	商品櫥窗
1002	Watchlist
1003	海外指數
1004	江波走勢圖
1005	大盤成交比重
1006	分時走勢圖(單)
1007	交易明細(單)
1008	分時走勢圖
1009	類股走勢圖
1010	多分時走勢圖
1011	分時走勢比較圖
1013	DDE
1014	下載收盤價
1015	綜合報價
1018	買賣力
1051	走勢比較
1102	暫停&延收股票
1104	權證櫥窗
1105	資券餘額與法人進出

目前已設定0/122個

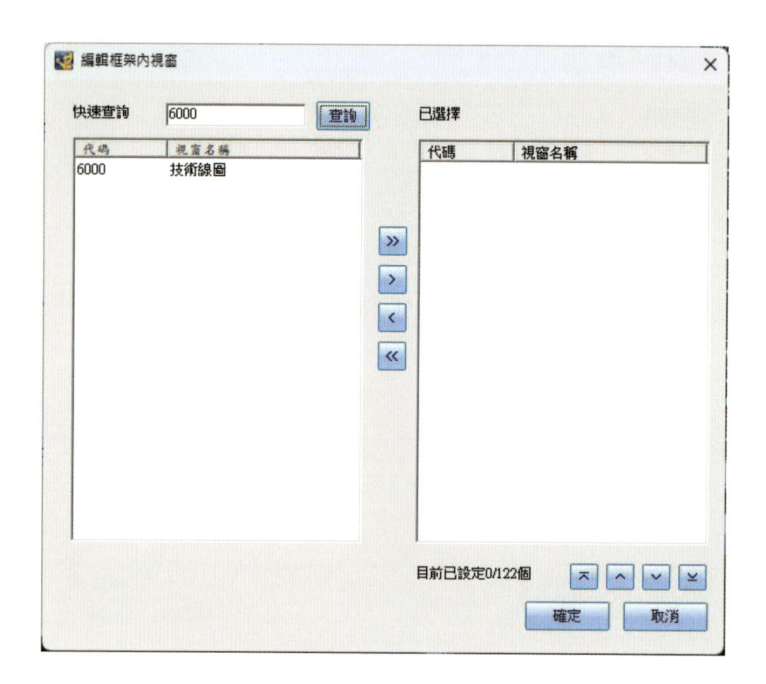

(8)【點選「6000」→按 > →按「確定」】

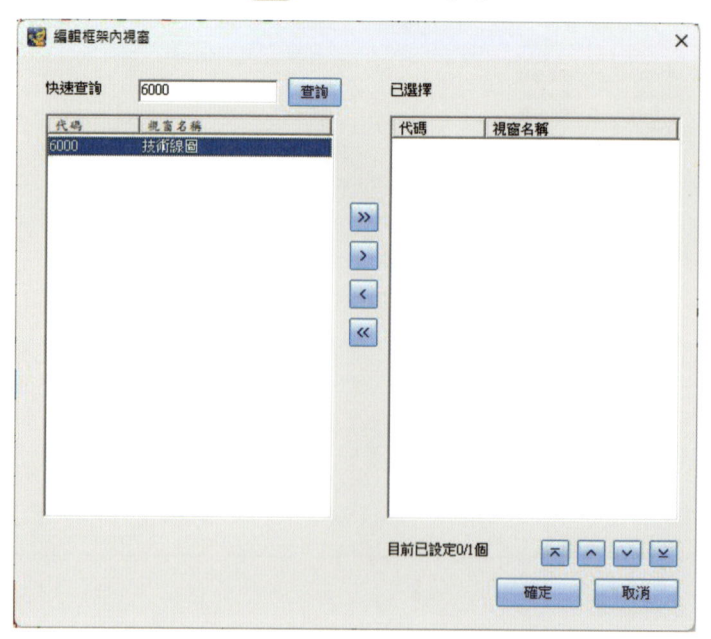

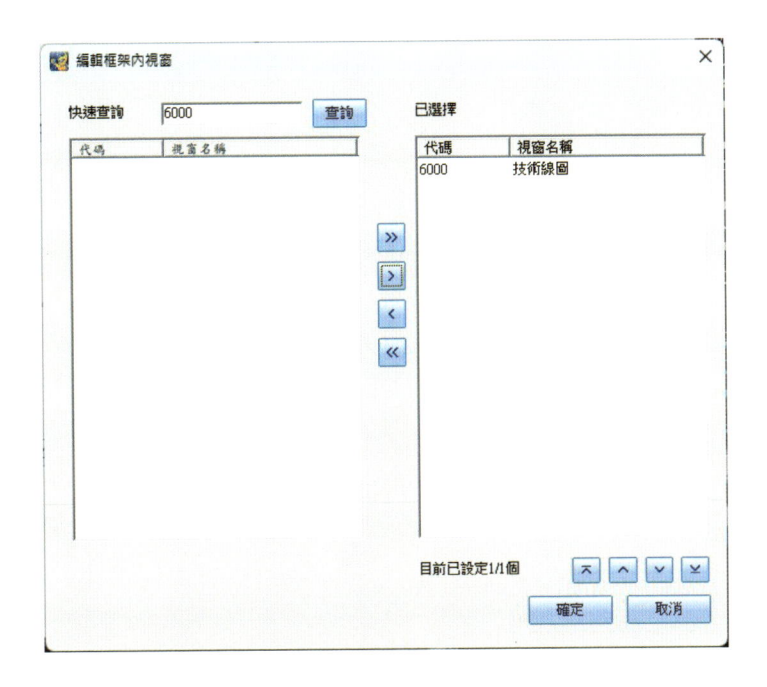

（9）代碼：6000 的技術線圖

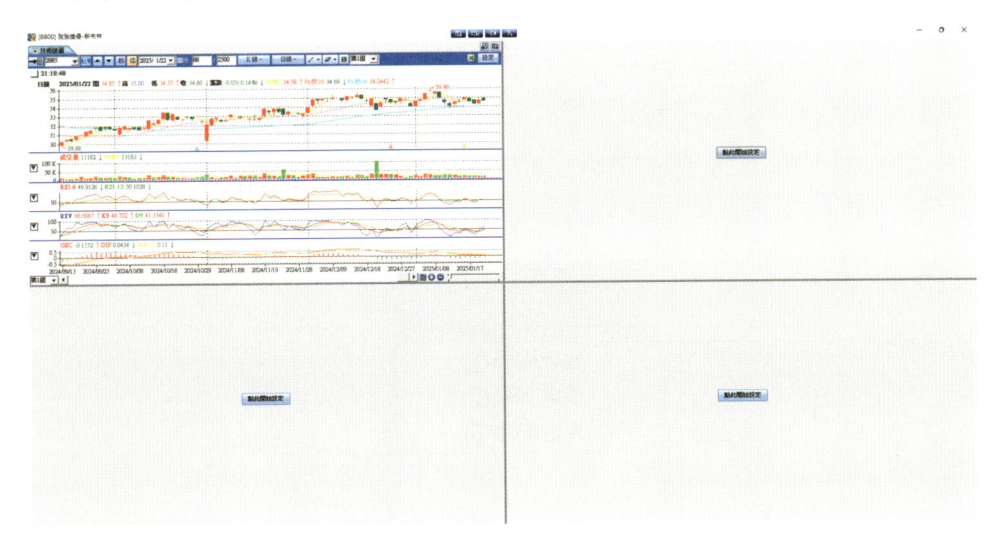

（10）移出不要的指標與預設（成交量、RSI、REV＝KD、OSC＝MACD）

同時，四個視窗需要重複做四次。

二個螢幕可以這樣建置：1分K、5分K、60分K、日線K

四個螢幕可以這樣建置：1分K、15分K、60分K、日線K

（11）剩下最後的參數設定，即是將每個【6000技術線型】單一視窗內的參數進行調整，調整完畢就完成你的即時戰情中心。

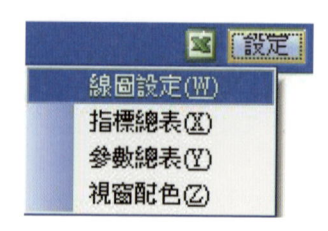

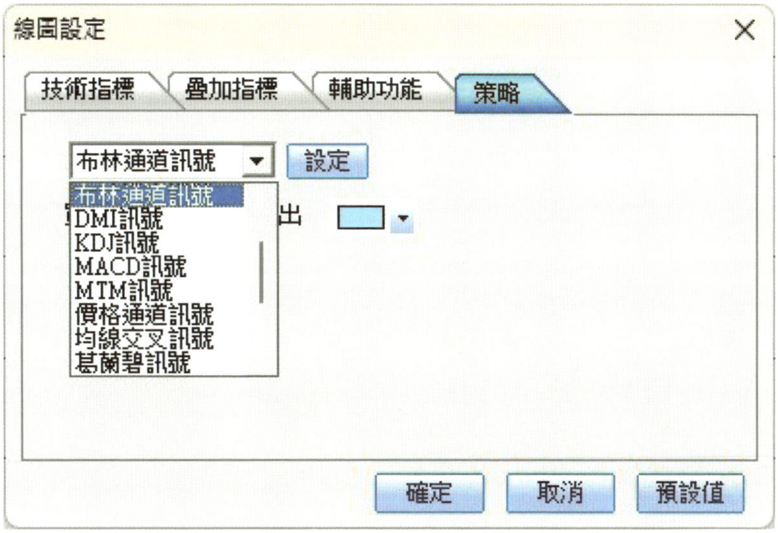
線圖設定
技術指標
疊加指標
輔助功能
策略
布林通道訊號
設定
布林通道訊號
DMI訊號
KDJ訊號
MACD訊號
MTM訊號
價格通道訊號
均線交叉訊號
葛蘭碧訊號
確定
取消
預設值

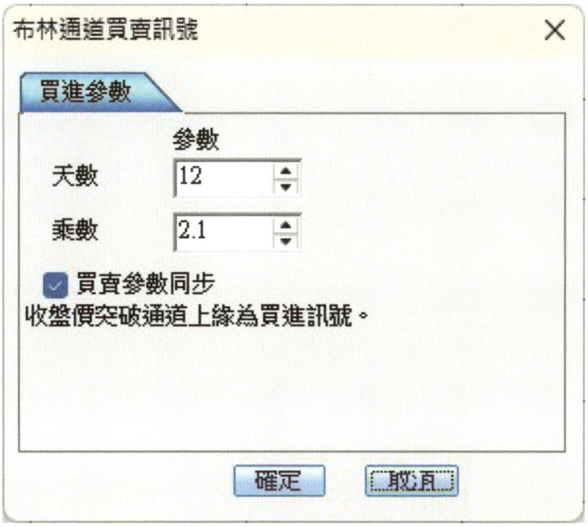
布林通道買賣訊號
買進參數
參數
天數
12
乘數
2.1
買賣參數同步
收盤價突破通道上緣為買進訊號。
確定

3. 第三視窗【單獨技術線圖分時圖】

　　如果你的電腦螢幕夠多，可以建立第三個視窗：5分線K的單一視窗。換言之，有四個螢幕的朋友可以單獨再開這個視窗，開視窗的說明如下。

A. 文字流程：

　　回到預設視窗，也就是主畫面進行設定。輸入你要鎖定的投資標的物，以本例為MXF8，則會跳出該標的物當日交易分時圖。接著按下滑鼠右鍵選擇【技術線圖】→【調整設定】→【設定】→【策略】→【布林通道訊號】→【設定】→【買進參數】→【買賣參數同步】→【確定】→【完成】。其餘部分與兩個螢幕的設定方式相同，就不再重複說明。

B. 圖示流程：

（1）【預設視窗】

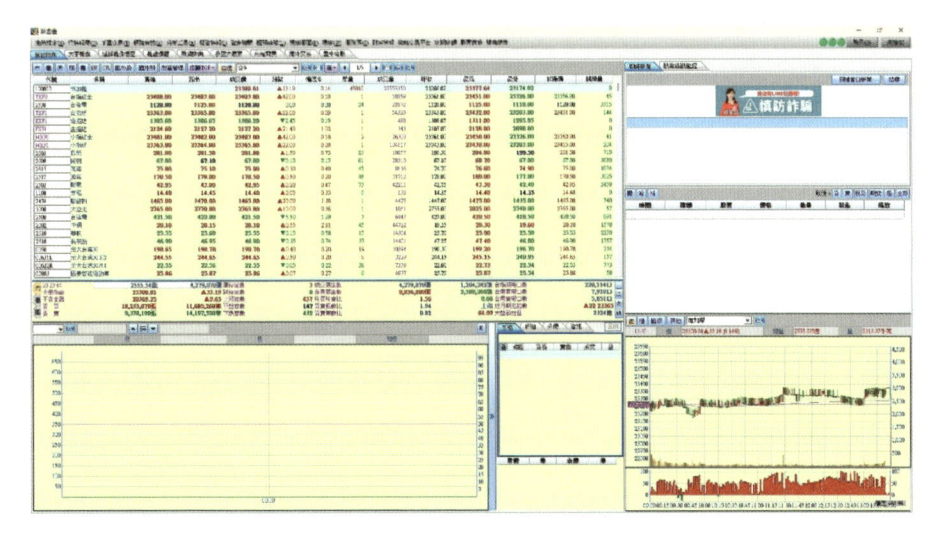

（2）輸入你要鎖定的投資標的物，以本例為 MXF8。

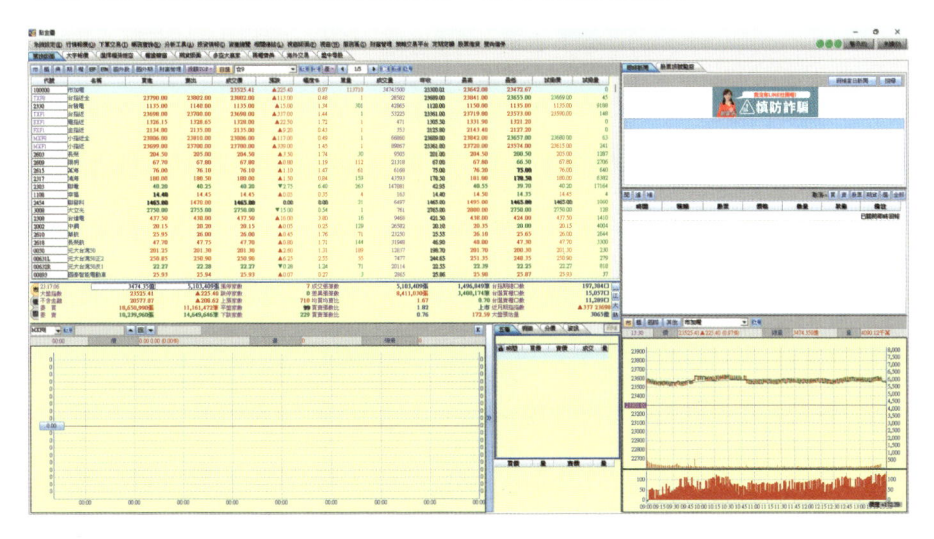

（3）跳出該檔投資標的物的【分時圖】。

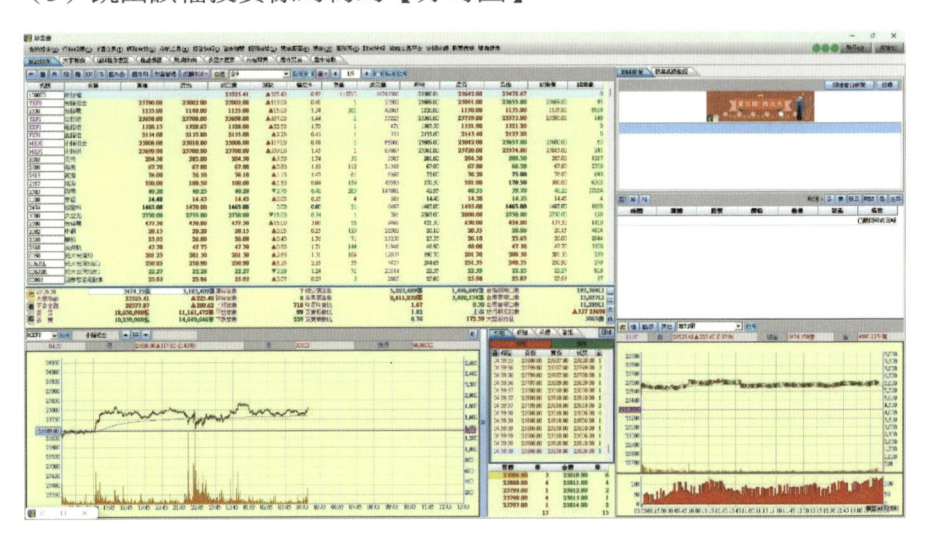

（4）接續按滑鼠右鍵選擇【技術線圖】，隨後出現【代號6000】的技術線圖。

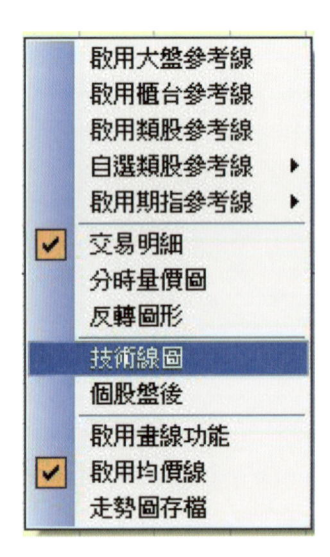

（5）【設定】→【策略】→【布林通道訊號】→【設定】→【買進參數】
→【買賣參數同步】→【確定】→【完成】。

4. 第 4 視窗【快速下單介面】

最後一個視窗即第四個視窗，為快速下單視窗。若你的電腦為兩個螢幕是沒有影像的，這個視窗是可以重疊在【預設視窗】或第二個視窗【脫胎換骨一新布林】上，但會有點干擾，不過不會影響你的操作。

要如何設定呢？同樣的，也有文字流程及圖示流程，第四個視窗下單視窗，選用【2007 霹靂閃電】快速下單介面。

A. 文字流程：

回到【主系統功能】→【下單交易】→【2007 霹靂閃電】→【完成】

B. 圖示流程：

（1）【主系統功能】

（2）【下單交易】→【2007 霹靂閃電】

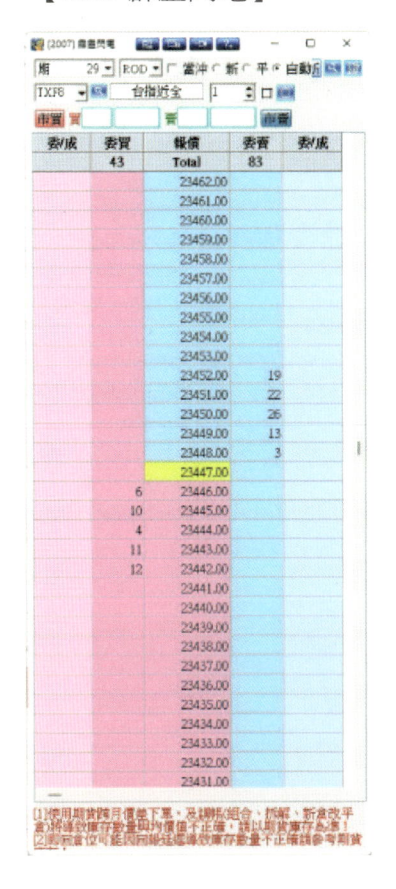

（3）完成【2007 霹靂閃電—快速下單介面】。

　　一般來說，這個介面會直接帶入鎖定的投資標的物，也就是你剛剛在分時圖選擇的投資標的物，會自動帶入。若你要單純更換也沒問題，即在快速下單介面左上角重新輸入你要鎖定的標的物即可。

　　有關【2007 霹靂閃電—快速下單介面】裡可以設定的功能蠻多的，就不贅述了。使用方式因人而異，僅將我個人在期貨上的重點畫面【習慣設定】、【熱鍵設定】、【觸價價單設定】，分享給你做為參考運用。

- 【習慣設定】

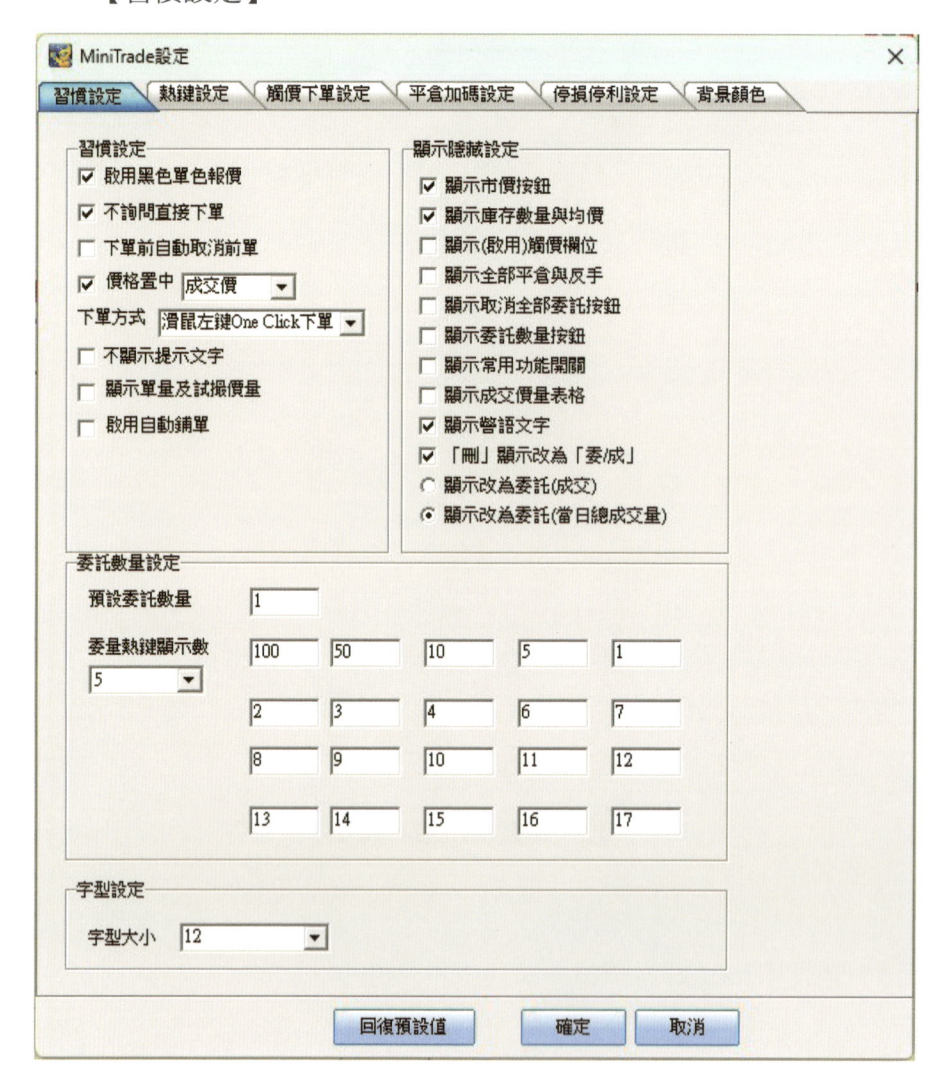

- 【熱鍵設定】

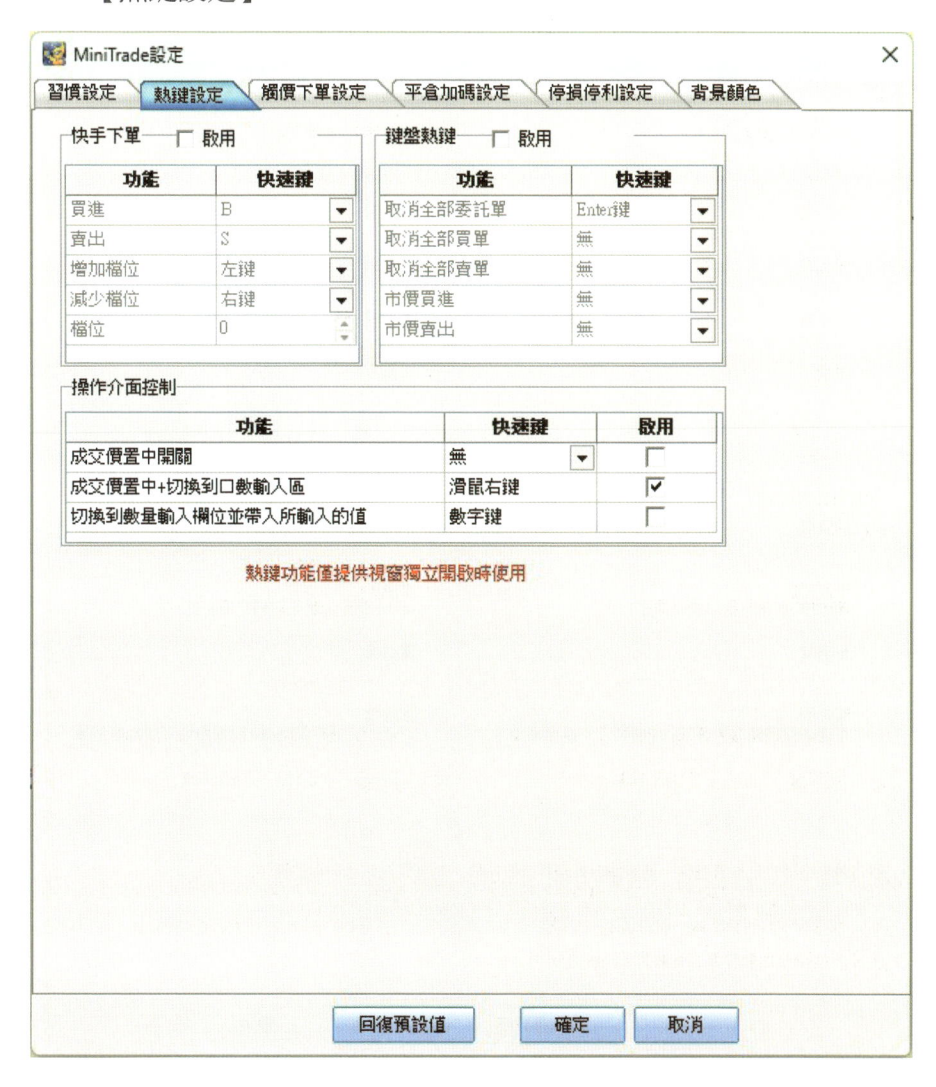

- 【觸價價單設定】

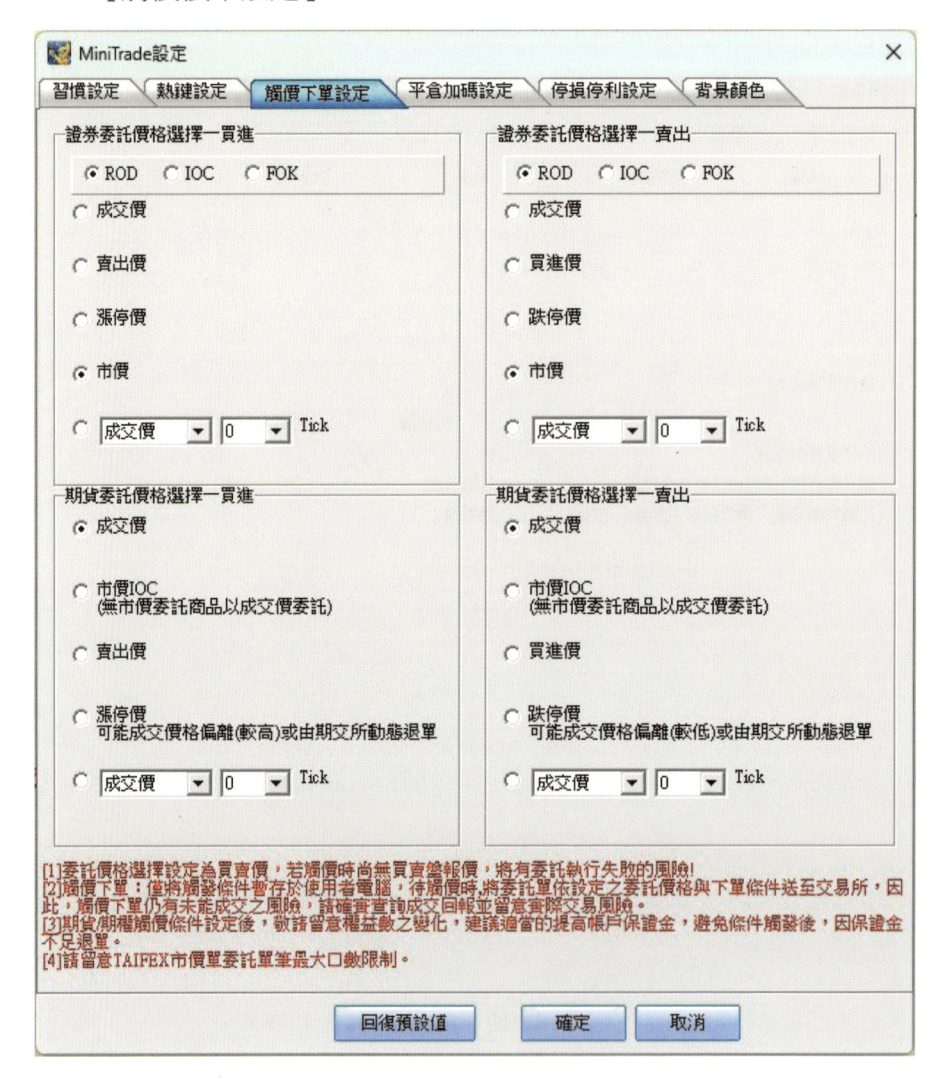

在這小節當中，我們花了蠻多時間在調整你的指揮中心，但這是一項很重要的基礎工作，不得不花點心思建構一下你的核心需求。這一切的一切就是為了要完整你的瞄準器準心，建立計時器及擊發子彈的板機。

小結

- 設定布林通道訊號時記得：
  1. 【買進參數】要「買賣同步」勾選。
  2. 依照自己的交易節奏調整 K 線層級。

- 如果螢幕數不足（只有 2 個）：
  1. 重疊顯示技術線圖＋快速下單。
  2. 畫面稍微擠一點，但依然能操作。

- 快速下單功能（2007 霹靂閃電）設定建議：
  1. 習慣設定（常用功能快捷鍵）。
  2. 熱鍵設定（下單速度快）。
  3. 觸價價單設定（自動觸發委託）。

註1：
約定一期間內形成的指數交易商品，稱之為指數期貨商品。

註2：
所謂權值股，是指在股市指數中佔比最高、對指數變動影響最大的公司；而股市指數即台灣股市依照台灣近 1,800 家上市櫃公司權值加總之總合。

PART 4 / 02

市場多變化，隨時調整你的戰鬥模組

　　有了作戰指揮中心，進階開始調控實戰交易過程中的參數及畫面，這也是 Part 3 第一節當中提到的參數調控。接著，我就用一系列的參數來幫助你研判。身為一個指揮官你應該知道，這些參數在調整後會引來的變化將有哪些？戰場同樣在 MXF8，以 2025 年農曆封關日的最後一天交易來做分析！

【案例一】

《A》：1 分 K 線，參數 30，乘數 2.0

（布林訊號：在 14 小時當中，共發生 16.5 組買賣訊號。）

《B》：1 分 K 線，參數 30，乘數 2.2

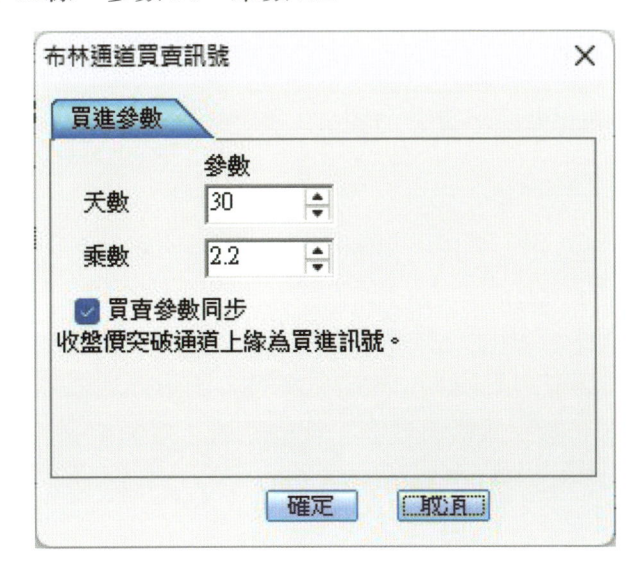

（布林訊號：在 14 小時當中，共發生 12.5 組買賣訊號。）

A、B 為一組對照組：

1. 單就交易成本來看，明顯的，乘數 2.2 的交易次數較低。

2. 比對兩張圖的訊號後，你會發現 2.0 多了 4 組交易。

3. 多出的 4 筆交易有效性與否，為你每日覆盤後的重要工作。

4. 當中的差異點為 σ，即表示可能發生的【機率統計】。

  總結看起來，參數 30，乘數 2.2 略勝 2.0。

  再繼續深度調控校正前，你可能會問：在布林通道買賣訊號這個畫面當中的參數、天數、乘數又代表了什麼意義！這個要先補充說明一下才行。

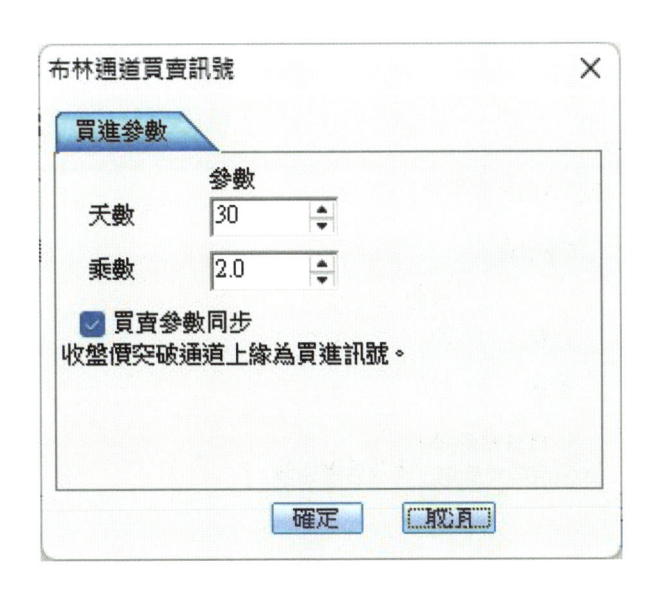

- 參數→輸入天數及乘數的數值。
- 乘數→就是 σ，也就是我 Part 1 節第三小節談到的標準差。
- 天數→請忽視這兩個字，請改用 K 線的數量來看待。

也許看到這裡，你可能已經認為找到最佳的伴侶了，答案當然不是，請繼續往下看，你才能體會我所提到的，交易時間序真的要看個人的喜好，並非人人皆相同。

【案例二】

《C》：1分 K 線，調高一倍參數 60，乘數 2.0

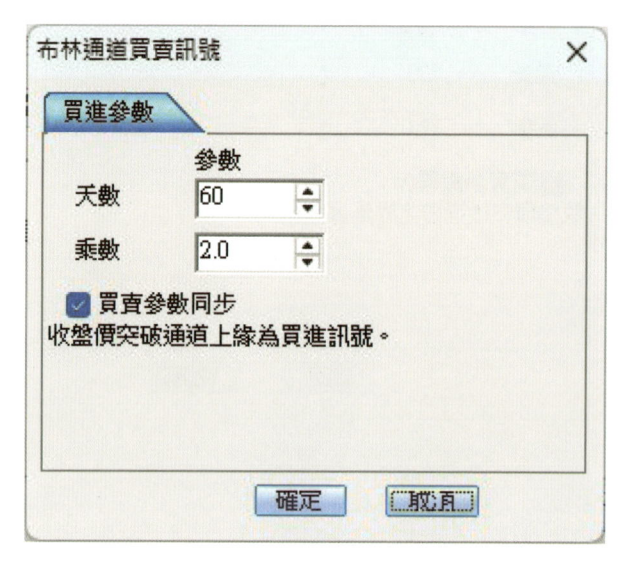

（布林訊號：在 14 小時當中，共發生 6 組買賣訊號。）

《D》：1 分 K 線，調高一倍參數 60，乘數 2.2

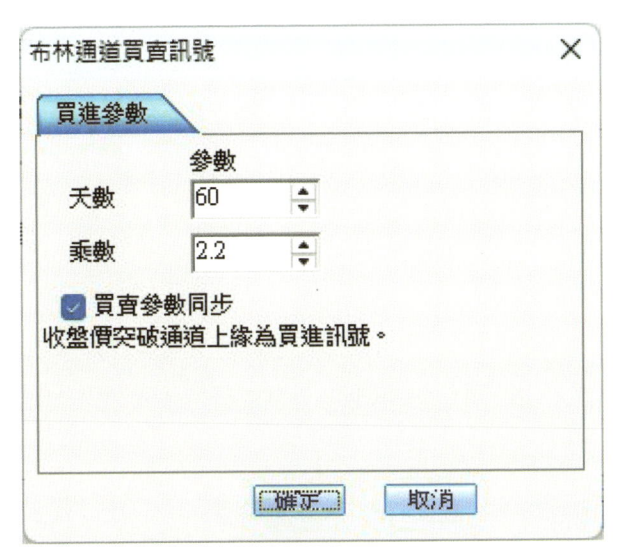

（布林訊號：在 14 小時當中，同樣共發生 6 組買賣訊號。）

C、D 為一組對照組：

1. 比對參數 30 與 60 時，你發現交易次數大幅下降。

2. 交易成本同時也降低 50% 以上，蠻驚人的。

3. 再看看參數皆為 60，而乘數（σ）2.0 與 2.2 相差無幾，當中僅有一次買賣訊號不同，其餘皆相同。最終可能是 2.0 優於 2.2；只能說可能，因為每個人的進場時間並不相同，所以只是用這一個夜盤來粗略比較。

4. 記住一個核心，即便是雙胞胎，其中還是有差異之處；主要我還是希望你可以進行覆盤調整與學習，找出你最合適的交易模組。

　　實戰就這樣嗎？當然不可能就這麼簡單。不過說真的，還有什麼覆盤工具比這個還輕鬆，不是嗎？至少 AI 模組還沒成熟前，這樣的學習課業壓力真的不算是個壓力喲！

　　還有、還有，再看下去你就會發現，為何我喜歡透過圖示來分享，因為這樣的學習效果才是最全面及完整的。1 分 K 線做完，換 5 分 K 線比一比，你會發現更有趣的結果，而這些都是我的學習過程且完整陳述，能看到是緣分，希望你可以全部吸收並妥善運用。

【案例三】

《E》5 分 K 線，參數 6，乘數 2.0

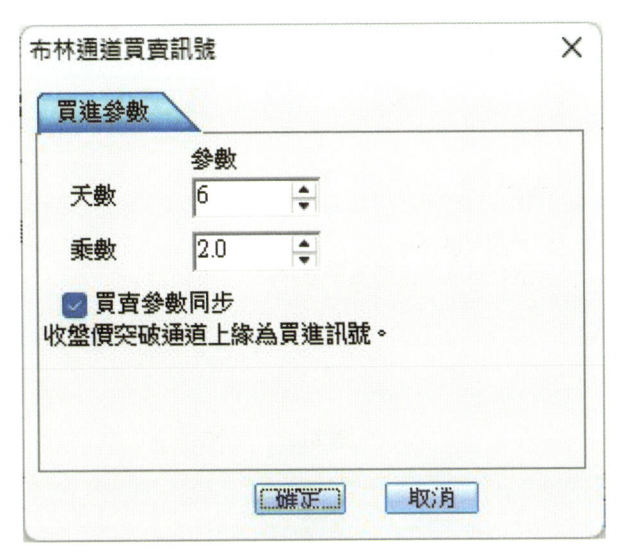

（布林訊號：在 14 小時當中，共發生 2 組買賣訊號。）

《F》5分K線，參數6，乘數2.2

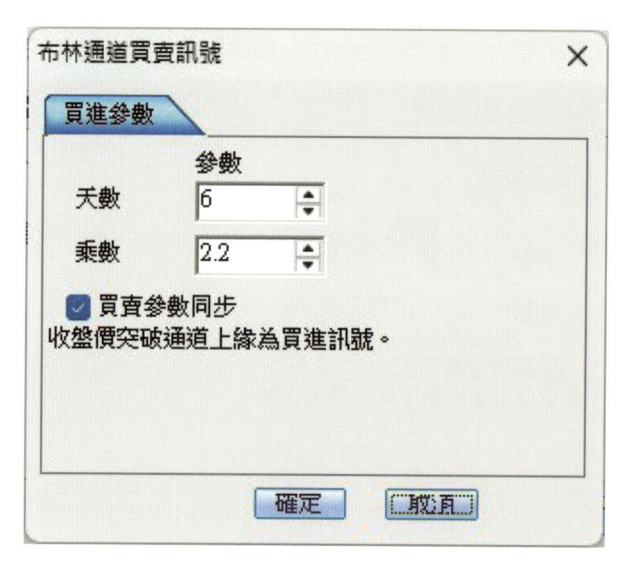

（布林訊號：在14小時當中，沒有發生任何買賣訊號。）

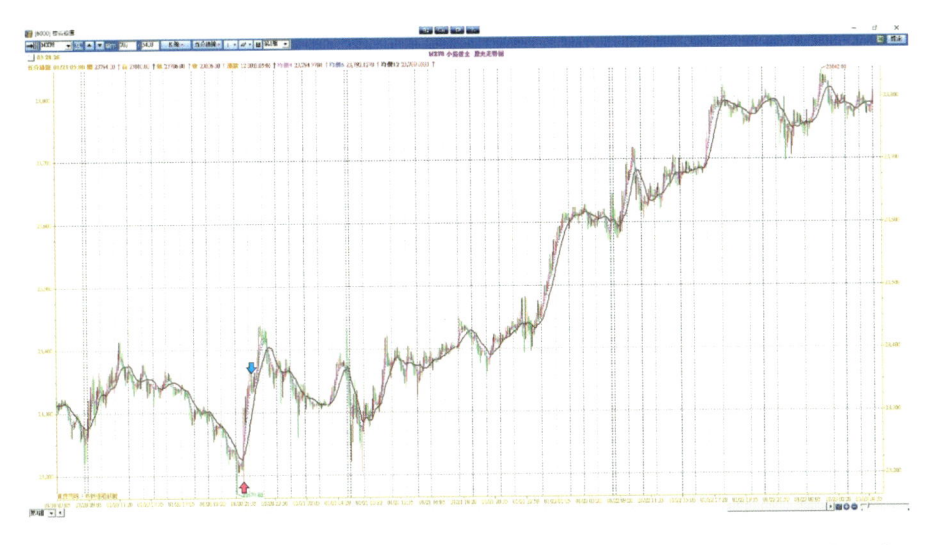

（回朔尋找訊號在近2天前發生，2.2標準差在使用上要注意。）

E、F為一組對照組：

1. 參數6的2.0僅僅剩下2組的交易訊號，交易成本相當低。

2. 而參數6的2.0卻發生0交易的情事，雖然沒交易0成本，但你的時間可能是更貴的交易成本。等了一晚沒訊號，完全喪失交易的機會，不太妙！

3. 回朔後，竟發現布林訊號出現在近2天前；顯然，這個2.2的標準差值並不好運用。

【案例四】

《G》5 分 K 線，調高一倍參數 12，乘數 2.0

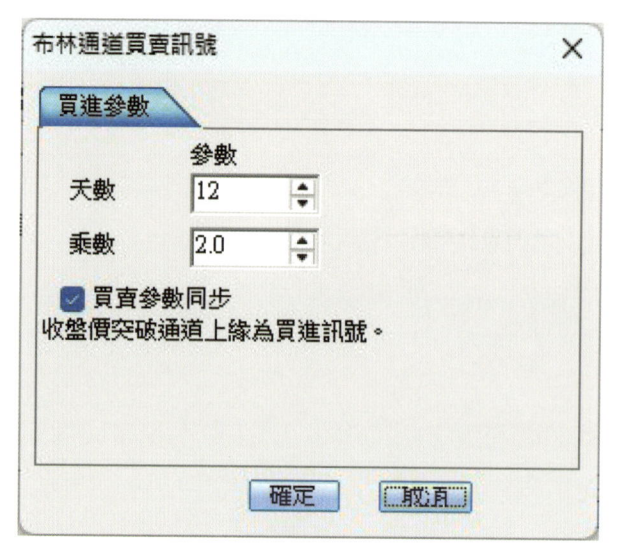

（布林訊號：在 14 小時當中，共發生 4 組買賣訊號。）

《H》5 分 K 線，調高一倍參數 12，乘數 2.2

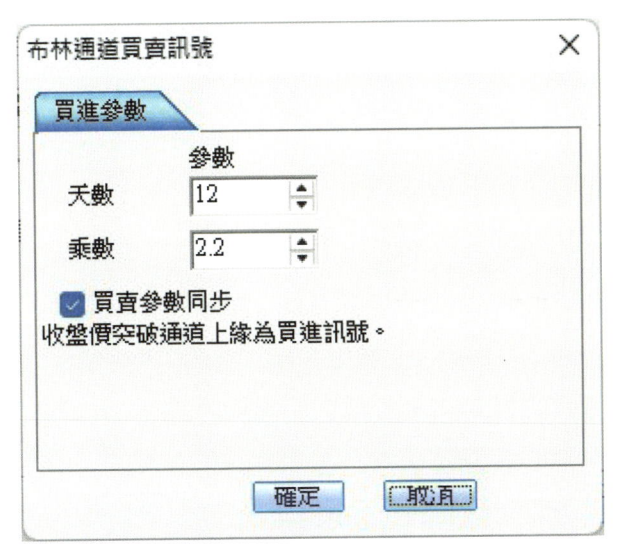

（布林訊號：在 14 小時當中，共發生 3 組買賣訊號。）

G、H 為一組對照組：

1. 調校參數 12、乘數 2.0 的結果，有蠻不錯的 4 次交易結果。

2. 而參數 12、乘數 2.2，同樣有 3 次令人滿意的結果。

3. 總括來說，這一組對照組都有不錯的表現。因此，你要時刻調整及校正你的參數，藉由對照組找出你的交易模組，因為人人的滿足點皆不相同，所以還是要留給你自行去調整。

最後，分享的這些對照組，按部就班的截圖給大家看，主要是希望你可以陪我一起走過這一趟學習旅程。雖然你沒親自參與，但至少請你理解我的短線交易都是透過對照組，最終去發展出一套適合我的交易樣態。而這些參數，就是像剛剛這樣做出來的，通通分享給有緣的你！

當然，布林通道其實是千變萬化的，特別是套用在不同投資標的物上。請你務必要做個對照組，並時刻的演練及調整，這樣才可以避免發生不必要的交易失誤。你說這有可能嗎？答案是必然的。若未來有機會，我更希望是直接透過即時盤與各位朋友一起分享實戰狀況，畢竟參數調整才是戰場上至關重大的決策。

很可惜，因為即時戰場上的參數調整是有其邏輯的，而釋義的方法只能在即時盤中說明，並非我不願意分享。而這除了上述的參數調整外，更融會了交易觀念及心法。誠如我剛剛所提到的，有機會在即時盤環境下能釋義時，自然就會與有緣的你結緣了。

小結

參數＝戰術，乘數 σ ＝靈敏度，兩者缺一不可！

- 演練方法：
  1. 持續做「對照組」實測。
  2. 進行「每日覆盤」確認效果。
  3. 找出屬於自己交易節奏的參數組合。
  4. 明白：每個人的交易滿足點不同，所以參數沒有絕對標準答案。

PART 4 / 03

多樣式交易，分批進場才是上策

在實戰交易中，你千萬千萬不要害怕交易！

當然在交易中，失誤是難免的，此刻的你，更是不要害怕交易錯誤。只要你做好實戰交易當中的調度工作，那麼就不用擔憂你的交易失誤！

實戰交易當中的調度指的是什麼？答案是分批，沒錯這就是答案！也許你常常聽到「ALL-IN」這個詞，但仍然要告訴你，你在沒有充裕的資金條件下，我給你的建議是穩定累積資本。而累積資本的方式並不困難，但卻是需要執行一整套有規劃過的計畫。先談一套有規劃過的計畫，後面我再談如何穩定累計你的資本。

所謂一套規劃過的計畫是這樣的，同樣我用 MXF8 做為計畫範例，依照台灣期貨交易所最新公告資料：2025/01/22。

MXF8 為小型台指，原始保證金為 88,500 元，指數每點收益為 50 元；換言之，每增加一套原始保證金，所需點數為 88,500 / 50 = 1,770 點，也就是形成單利 100% 的收益。再換算為目標導向結構，則 100% 需要多少時間完成？1,770 點，如一個月短計有 20 天的交易，那麼結果為 1,770 點 / 20 天 = 88.5 點。這個數字套回你每日的交易型態中，就可以完成這個結果。再用百分比數字對照一下，（88.5 點 × 50 元）=（4,425 元 /88,500 元）= 0.05 = 5%。若這個數字對你來說是不易於 1 個月內達成的，那麼便修訂目標，換成每天 1 個百分點即可。簡單的數學可以為你訂下人生的目標。88,500 元 × 0.01 = 885 元 / 50 元 = 17.7 點。換言之，17.7 點 × 20 天，則每月可以累進 354 點。我們用整數 18 點統計一下，一個月大約可以累計 360 點～ 400 點（因交易天數不同會有所差異）。大致上來說，3 ～ 4 個月你就有機會獲得 1,200 點～ 1,600 點，這已經十分接近 100% 的本金翻倍了，這就是一個短期的目標計畫。

接著，你還需要再增加一套本金；換言之，保守的操作方式有機會可以在 6 個月當中完成。當然你可能也會說這必需要連勝才有可能完成，沒錯，新布林通道指標可以協助你完成這項短期目標。如果你的時間延長了，真正的原因不外乎你的交易時間不足，那也就另當別論了。在正常可以日日交易的情況下，這項短期目標並不是件困難的事。不過，不能完成者確實是可能有很多羈絆在身，在此也不多做討論。

用一年練功，累計你 2 套資本無誤後，隔年開始你就可以進行 2 口（口是期貨的交易單位）MXF8 的操作計畫，與此同時還是要留意保證金的最新公告，因為這是浮動式調整的。在 2 口的操作過程中，你反而要將原先的維持保證金觀念做點調整，繼續以簡單的數學來解題。依照最新公告的原始保證金為 88,500 元，對應的結算保證金為 65,500 元，表示其空間為 23,000 元 / 50 元 = 460 點。而你此刻的交易若為 1 口時，可承受的波動

點數為 920 點；如為 2 口，則為 460 點。當然，經過一年度的歷練，正常來說，你應該有相當的操作及交易經驗了，所以資金的安排及規劃應該有一個標準的 SOP 才是。

剛剛提到，若你選擇的是 2 口交易，則表示你已經成為高風險的交易者。這並不是壞事，而是你有機會更快速的成長你的資本；換言之，第二年你就有機會完成 4 倍的資本，直接進入 TXF8 大台指數期貨的賽道。此刻的你，已經不需要再動用你的原始本金了。當然，你也可能在這一年當中繼續磨練，打回原形重新再練！只要不間斷的堅持練習，這關口過了，也就無懼了。總之，穩定累計資本的方式有很多樣態，這種高波動率若你覺得不合適，那麼可以參考接下來的另一套交易計畫。

還有第二套的交易計畫分享給你，若你選擇的是 1 口的交易方程式，這也是另一種模組的操作樣態；學會分批交易也是一種大規模的模組基礎。說起來，剛剛的 2 口交易者是偏向交易高頻率適用；現在要開始談的是，穩健交易者的樣態。只做 1 口交易的你，不要也認為這樣的成長很慢，相對來說，未來的發展你不一定會輸給高頻率的交易者，怎麼說呢？我分析給你聽，目前你的手中已有 2 套透過獲利而來的資金可以操作，但卻只用 1 套資金操作。這表示，你在交易的過程中曾經失誤過，而你為了修整回原來的資金水位，所以，你可能已經學會了一分批交易這件事。

分批交易是指你在交易過程中，可能遇到過意外的風暴而身陷其中。舉個例子來說明，同時也是為了分享交易調度這件事。

舉例：

MXF8 你進場的價位為 23,800 點做多，而你持續看好未來指數會繼續向上挺進，突然中國發生 DeepSeek 事件，造成美國股市大跌，跌幅來到 23,400 點，狂瀉 400 點；此刻的你因布林訊號的出現繼續在此刻加碼 1 口，同時指數也開始反轉向上挺進，你的計畫就要如同下列數學的計算方

式：（23,800點＋23,400點）／2＝23,600點，這是均價點位。如指數繼續向上挺進時，則你的報酬將從均價點位呈現2倍的成長速度，這也就是穩健型的操作技巧，特別著重在實戰上的交易調度。這也象徵著你是位心境穩定的交易者，未來當你資金在不斷的放大過程中，你也明白妥善的目標及計畫將可穩穩的把你推向財富自由的國度。相信我，這與隸屬高頻率交易的暴發型交易者，在修煉過程中其心境必有著顯著的差異。

不論你是高頻暴發型或是穩定發展型交易者，基本的交易調度是一項很重要的技法。同時，這修煉的過程不外乎是為了幫你檢視你是何種交易者。哪一條絕對好呢？答案是沒有。檢視你的交易結構，如我上述所提便可判斷出你的交易模組，希望這兩種樣態都可以幫助你邁向財富自由。

接著，我還要提供一套多樣態的布林交易技法。請回想一下，我提過的第二螢幕。這第二個螢幕是由四個技術線圖組成。也許，你也用不到那麼多的分線圖，那麼用在其他功能上，又該如何運用呢？這種多樣式的交易技巧屬於多資金的交易者使用，當然你只要能掌握當中的精髓，同樣是可以把你的指揮中心發揮得淋漓盡致，不輸大戶交易者。一起來看看圖4-1 多樣式交易分線圖。

圖 4-1 多樣式交易分線圖。
資料來源：作者提供

- 大戶保護小戶的對照圖，其中包括時間序及發生布林訊號。

其實，市場是這樣說：大台保護小台；但你若認真看，大台與小台的布林訊號觸動點位不盡相同。同時你也會發現，在其接近的時間點，其實快艇的轉向將快於艦艇，善加運用這個計時器，除了可以發揮控盤中心的監控價值外，更可以進階運用到套利模組來創造穩定的收益。

模組樣態實在太多了，就如同人的個性一般，許多人認為這就是統計學，其實，我更認定的是運用統計學作為基礎，並結合技術分析工具的演算，將發生轉折的機率點導入系統內，最終獲得了這擁有一定準確率的新布林通道訊號。我相信，你若能掌握好這個重要技術分析工具，假以時日必能如你心之所獲！

小結

- 什麼是交易調度？
  當市場突發劇烈變動（如 DeepSeek 事件），透過加碼、拉低均價，保持冷靜並掌握反轉時機。

- 範例說明：
  1. 第一口：23,800 點多單。
  2. 突發下跌至 23,400 點再加碼一口。
  3. 均價計算：(23,800 + 23,400) ÷ 2 = 23,600
  4. 點指數反彈，報酬翻倍。

- 多樣式交易精髓：
  1. 布林通道＝技術統計＋交易心法的結合
  2. 控盤中心運用：快速發現轉折點、主力意圖。
  3. 交易模組千變萬化：靈活運用布林參數＋個人交易風格＝打造專屬系統

PART 4 / 04　盟軍協防，即刻實戰：新布林＋大勢力線

　　盟軍除了三大法人外，你可以導入一個簡單又實用的大勢力線來協防，而透過盟軍的勢力，你可以透析未來投資標的物的發展趨勢。這就帶你認識一下大勢力線的由來，並同時整理大勢力的背景實力，建立起你的第二道防線，絕對有其實力與不可撼動的地位。

　　在此，要向你介紹一下大勢力線，這條線為一般投資大眾視為重要的趨勢線。而所謂的趨勢線，基本生成條件為股價在股市多空的某特定時間內波動過程中所產生的大量高點與低點；其中，找尋兩個特定區間的最高點及兩個最低點相連在一起時，即會產生一條切線，這就稱之為趨勢線。相連方式為高點與高點相連，低點與低點相連，而我稱之為大勢力線。另外，高低點相連成為一條切線，則不可稱之為大勢力線，而是視之為無效線型結構。多個高點相連所形成的多個切線，將顯示一個股價的走向，所以又稱之為下降趨勢線；同理狀況，低點相連則稱之為上升趨勢線。

　　有關上升趨勢線或下降趨勢線的形成過程中，在剛剛提到的多個高點相連所形成的切點，特別要關注的即為量體大小；換言之，就是越多的高點相連所形成軌道，將成就一個趨勢；而此趨勢就成為另一個大勢力線軌道中的下降趨勢線。另外，我要特別提到的是越多的高點相連過程中，最重要的觀察要件；同時也是大勢力線的觀察重點，那麼便是形成的時間長短。形成一個趨勢線的時間？到底是 15 分鐘、30 分鐘、60 分鐘亦或 90 分鐘以上，這個過程時間越長便代表了趨勢的延伸力道。同時，這個

延伸的力道重點回饋給你的是，若是形成的時間越長；未來在趨勢扭轉時，就會生接近相同的反趨勢大勢力線，也就是下降趨勢線。

當然，你一定很好奇這個理由，讓我用牛頓的第三運動定律來談這件事。另外，我會再用法人的角度來解釋這件事。反作用力的物理現象即投資標的物當發生在一定的價格推升後，就會形成一個短線的極大不安定壓力；換言之，即短線操作者會發生獲利了解的心理思維，因此就會賣出手中的投資標的物。那麼這個壓力就會在一段趨勢尾聲，發生大量賣出的動作而形成轉折。而當跟隨者也同步進場時，就會再產生另一反向的低點與低點相連，進而再經過時間的演進，轉換為另一個趨勢線的崛起，這就是上升趨勢線；它會重新再度引領另一個新的波段，這就是反作用力所形成的結構狀態。

接著，我來談一下法人的操作概念，在大勢力趨勢線當中所扮演的腳色。此刻，請你回到本書 3-3 我提供的「2025/1/22，三大法人當日沖銷交易結構」，買入合計 1,695 億、賣出合計 1,491 億，交易總額為 3,186 億。也就是說，三大法人其實天天都在做當沖交易。你一定覺得很不可思議吧，其實這是很合理的交易現象。

在這裡我要先補充兩個法人交易內幕與思考空間給你，回頭再談法人的每日反作用力。

1. 你若常聽到金融機構理專告訴你，存股或做長線投資才是王道，這只能說是就某個角度來說，不能說全是正確或是全錯誤，只能說你要能研判自己合適的交易類型是什麼？接著，我來談一下，若是你接受了存股即及長線投資這件事，而沒有自己的投資想法，那麼只能說你冒著極大的風險在做投資罷了！另外，這個想法分享給你，倘若存股或是長期投資絕對是正確且唯一的一條投資旅程，我就問為何法人不一次買好、買滿股票享受股息就好了，每天卻有著驚呆人的當沖交易？這點就留給你去思考吧！

2. 來吧！一起來研究一下，為何法人每日都會產生出那麼驚人的當沖交易？其理由不外乎是為了獲取每日可能的 1% 收益。而整年度的累計過程中，其實能夠創造出 100%～200% 的總報酬；畢竟，經理人操盤手的評比看的都是績效，不是嗎？不交易怎麼可能產生出好的獎金收益。所以，當沖的交易就會成為每位操盤手、控盤者的日常工作了；並且，每家上市櫃公司基本上都會有一組人在控盤，如果沒有，也是委外進行交易。這樣說起來，當沖似乎又是一個很重要的收益來源，這絕對會是沒錯的。不過，我並不是鼓勵你一定要進場做當沖交易，畢竟，當沖交易要學習的操作技巧，乃至於心態學，市場常談的消息面、新聞面、基本面……等等，需要具備的技能很多，心理素質更是重要。說了很多，還是要留些空間給你思考，到底何種交易才適合你。

好了，竟然你明白了法人為何要日日當沖交易的理由了，接著要談反作用力。剛剛兩個故事是為了幫你建立法人的思維，所以呢，法人在每日的當沖交易過程中，所需要建立的即是一個趨勢。同時在每日當沖過程中，不斷建立高、低點，在連續性的建立過程中，創造出其獲利空間；這也就是你常聽到的養、套、殺策略，而這個策略只要你能明白或體會其建立的過程，那麼你就可以悠游自在的於法人所提供的獲利空間當中，獲取你應有的報酬！你千萬要記住，法人同時也是人這件事，別以為法人不是人，他們同樣會在每日當中找尋一個波段的獲利滿足點，且在滿足點出現的當下進行最後拋售交易。這也就是人或系統達一定可交易點時的行為，同時這也就是物極必反與反作用力的最佳寫照。

提供一則更深度的教學訊息：如果你對於法人的操作實務想有更進一步的認識，歡迎你可以前往「理周教育學苑」課程當中搜尋我的名字：張琨琳，我在此學院有提供大勢力線 1.0【直線】及 2.0【拋線】的教學課程，將有更深入的剖析，同時能提供你輕鬆的交易進場時間。

剛剛提到大勢力線，目前共有 1.0【直線】及大勢力線 2.0【拋線】兩種線型結構。而在本節的案例當中，我採用的是大勢力線 1.0【直線】

做說明；並將結合布林通道的結構來協助你找出布林與大勢力線合體的最佳交易組合，只要你能妥善運用，相信可以擴大你的 MXF8 點數收益。以下就是我針對 1 分鐘 K 線及 5 分鐘 K 線提供給你的交易技法，希望你能有所收穫。

有關如何繪製大勢力線，簡單的補充幾個重點：

1. 繪製一條切線的研判方式，基本上都是以波動性較為明確，也就是波動性大的投資商品為首選。尋找已發生的兩個高點即可繪成一條線，當然市場我也有見過更嚴謹的畫法，也就是要三個高點才能形成一線，畫出大勢力線。但我個人認為不需要，理由很簡單；你可以先將 A、B 兩個高點繪成一條線，接著 B、C 兩個高點再畫一條線，這樣的結果不也一樣，而且還能更清楚看見趨勢建構及發展的樣態。這樣我會覺得想學習的人可以進步得更快。

2. 繪製過程都是以技術分圖由左至右產出的 K 線，從而發生的每個新生 K 線中研判，是否要將此小波段的高、低點認定為值得繪製的過程，所以過程中一定會鍛煉出你繪製的錯誤大勢力線，千萬不要灰心。當你堅持繪製一段時間後，就會發現你在經驗的累計中鍛煉出更加倍精準的繪製。

3. 繪製的練習是這樣的：由於我能提供四張完整的畫面給你學習，所以我提供給你的方法是請準備一張白紙，擋（遮）住 C、D 兩個點，也就是假設這兩個點還沒出現的地方用白紙擋（遮）住，因為這樣我才能告訴你，是人都會有畫錯的時候，不要緊的！這個教學案例當下先畫上 C 點位，當下並不一定是錯的；更動了繪製過程是即時發生了 D、E 破勢狀況，所以可能更動了走勢，而 D、E 可能就是下一波走勢，只是可能！但是我還是大膽假設性的繪製，很幸運，在繪製時同時下降趨勢線轉折進入上升趨勢，於此同時兩個布林訊號也出現。這是一個相當完整的教材，提供給你學習。

同時呢？請你也不要習慣用已發生完畢的某分 K 線圖來練習，最好的方式就是一邊畫的同時，讓 K 線同時間產生，這樣更能夠讓你進步神速。當然過程也是辛苦的！

PS：建議你可以利用夜盤的期貨進行線上練習繪製。

圖 4-2 A、B 先繪製，製作圖檔趕不上 K 線的變化，直接 C 就畫上了。
資料來源：作者提供

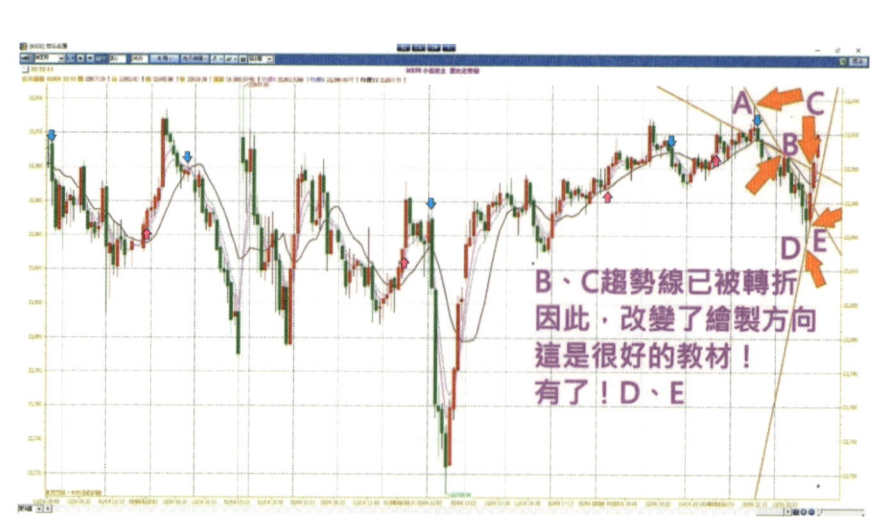

圖 4-3 E 的出現破了勢，預計將產生布林訊號。
資料來源：作者提供

- 130 -

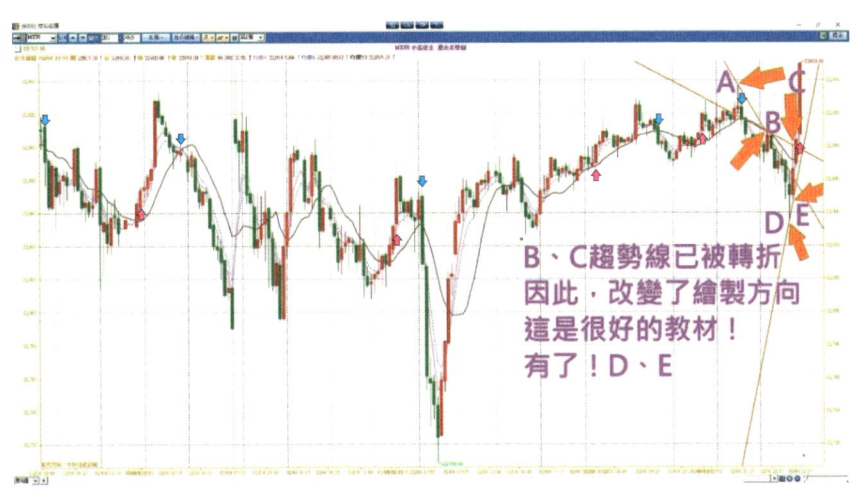

圖 4-4 如預計的出現新布林買點訊號。
資料來源：作者提供

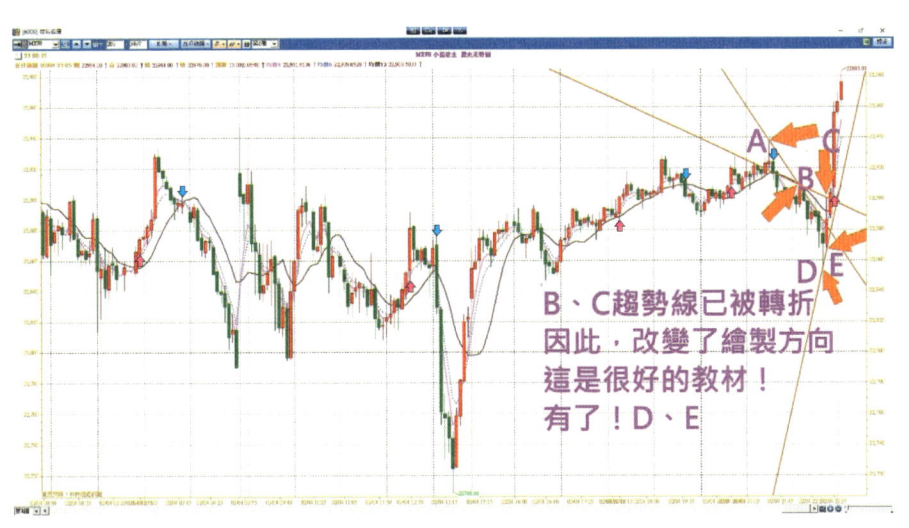

圖 4-5 持續向上挺進，尚未回檔，後續大家可以覆盤，2025/02/04 23:27，接續學習這個轉勢＋新布林訊號關鍵點。
資料來源：作者提供

下面的手把手繪製學習方式,則是直接在系統上練習繪製每天的盤勢結果,當作覆盤練習也是相當好的方式,分享給你。從 1 分 K 線圖接續繪製 5 分 K 線圖,都是相同的方式。

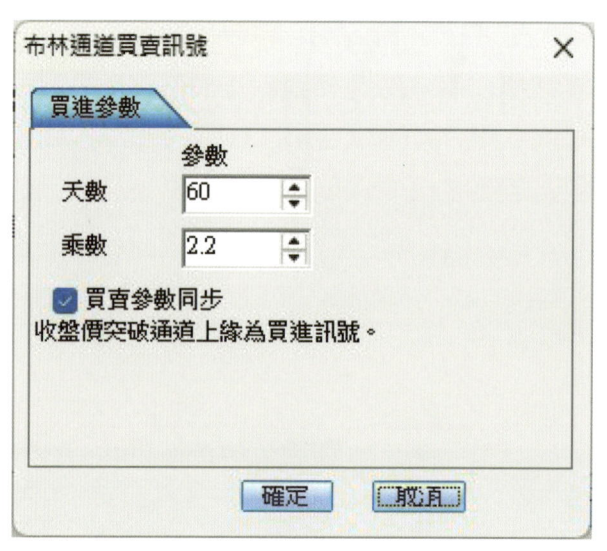

圖 4-6 1 分 K 線圖,布林參數 60、乘數 2.2。
資料來源:作者提供

圖 4-7 1 分 K 線圖+大勢力線型結構。
資料來源:作者提供

- 132 -

1. 先設定布林通道買賣訊號參數。
2. 繪製即時 1 分 K 線圖或是收盤圖皆可。

- **解說 1 分 K 線圖的布林及大勢力線的繪製結構：**

　　從布林訊號回推已發生的最高兩點及最低兩點，當中尋求大勢力線穿越布林訊號，其中一點為最接近的高、低點位。大勢力線為轉折的預告，同時具有一定期限的發展，作為一個趨勢表現的代表，故太過於短期的布林指標訊號，在趨勢線劃過之線型結構裡，你應忽視布林指標，進而等待一個明朗的趨勢做為研判。換言之，過短的布林訊號你可以在時間計時器當中忽略之，亦或你可以將大勢力線延伸作為判斷趨勢轉折之走向，讓自己多等待一會，等待下一個布林訊號出現後再進行交易。

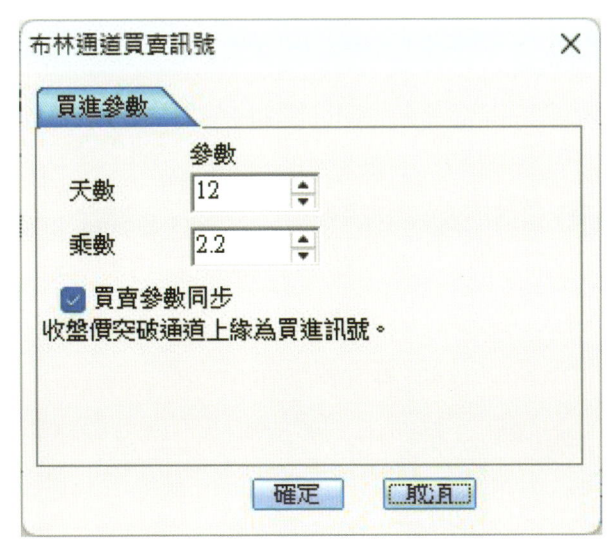

圖 4-8 5 分 K 線圖，布林參數 12、乘數 2.2。
資料來源：作者提供

圖 4-9　5分K線圖＋大勢力線型結構。
資料來源：作者提供

- **解說5分K線圖的布林及大勢力線的繪製結構：**

　　端看1分K線圖與5分K線圖，相信你會好奇的想詢問，在5分K線圖下的大勢力線是否也需要忽視當中的布林交易訊號呢？答案是不用的！理由為5分K線圖的高、低點位，基本上俱足一定的時間計時器，所以可以直接運行布林所提供的訊號進行交易。當然在5分K線圖當中，同樣也可能發生如1分K線圖所錯頻急轉交易，但這樣的發生機會相當低。倘若真有此狀況發生時，你應回想一下本章第三節當中，交易調度就是資金控管，用來避免這樣的意外情事發生。

　　即刻實戰，強調的就是運用過去發生的走勢及當下布林訊號發生的結合運用，特別強調的是第二道防線，同時也是轉折的重要觀察趨勢線。布林通道的特性，作者有提過一個多的訊號，接著後面就是一個空的訊號；那麼這個規律是不會出現錯頻的，唯一的可能是你使用較短的分線圖，因此可能會造成你緊張的不停轉換交易。為抑制你圖求快速獲利而造成過多不必要的交易，運用了大勢力線建立第二道防線，提供一個你可以更穩健

的交易環境及空間感；千萬不要拚了命的交易，最終讓應有的獲利都給手續費吞食，這是最最最不應該發生的事。

這節的實戰，運用了兩個工具建立完整的作戰計畫。有了完整的指揮控盤中心新布林指標訊號加上大勢力線的融合繪製，按部就班操作這樣的交易，相信可以快速累積你的資本。同時這也是我最喜歡的操作方式，希望你也可以喜歡這個方法。

最後一節，我將收益的部分做了幾個規劃，就讓我們一起看下去，最後該如何建立你的王朝。

小結

- 反作用力與市場轉折：
  1. 牛頓第三運動定律：解釋市場趨勢反轉。
  2. 心理因素：短線操作者的賣盤行為引發市場回調。
- 法人操作：
  1. 當沖交易：法人為獲取 1% 每日收益進行的短期操作。
  2. 長期與短期策略：法人選擇當沖交易以達高績效。
- 大勢力線的應用：
  1. 大勢力線 1.0 與 2.0：繪製股價波動性預測轉折點。
  2. 繪製技巧：選擇波動大股票，並根據高低點修正線型。
- 布林通道與大勢力線結合：
  1. 布林通道應用：識別市場過熱或過冷區域。
  2. 1 分鐘與 5 分鐘 K 線圖：不同時間框架下的交易策略、交易心態與風險管理。
- 交易心態：
  1. 根據市場趨勢與指標決策，避免過度交易。
  2. 風險管理：大勢力線作為第二道防線。
- 學習建議：
  1. 實戰練習：利用夜盤期貨進行線上練習。
  2. 學習資源：線上課程深入剖析大勢力線與法人操作策略。

PART 4 / 05

收益複利新人生天地（獲利收益計畫）

　　作戰前，身為財富自由指揮官的你，必須先做好每次交易所生的收益的規劃，這是一件重要的具體工作，任何作戰都必須是師出有名，為何而戰？先分享我的，我的戰役是為了成就一個 TEAM TAIWAN，沒錯就是我的大願望；讓最佳的團隊出現在我們的國家，將外資收刮散戶的金錢留下，一步一腳印打造一個全自動化的線上程式交易平台。願大力量就大，所以我必須要先建立好每位可能的夥伴正確的交易觀念、實戰及心法，這樣才有機會完成這個願望。說完我的，當然就要先分享給你，一個散戶交易者應該要做好的收益計畫；至少你也要訂定一個實現財富自由的期限，並如實操作，日日覆盤學習。既是要脫胎換骨了，當然要具象你的未來，我會帶你一起完成這件事。不瞞正在閱讀中的你，實現你的自由也是我愉悅的動力；但若你沒有到位的實作與練習，請別介意我也不會對你的成果有所在意。說到底，反求諸己、自我檢討、自我警惕，反覆練習才是一個成熟的王者交易員。

　　接下來，我要開始分享該如何將你的獲利收益做最好的安排，一共會有兩個部分，每個部分都有其重要的注意事項及要點，請你務必要理解，因每個部分對你的獲利所產生的收益做了完整的計畫，將有助於你及早完成財富自由。

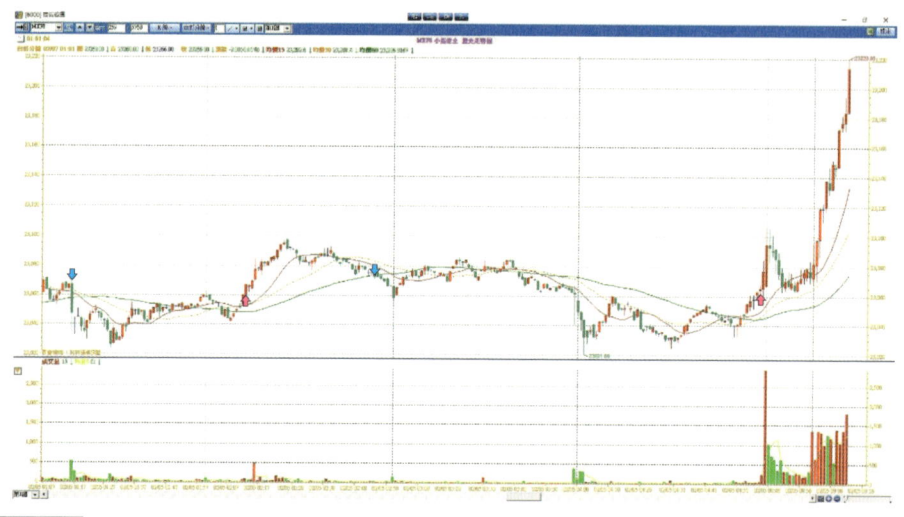

圖 4-10 上漲過程中的低基期型態。

資料來源：作者提供

1. **將獲利轉戰其他投資商品市場：**

    此部分共分為兩種計畫：

    - A計畫：以本章所舉的案例—期貨，獲利所產生的金額可以轉入股票商品進行存股計畫，亦或是投資低基期股票。何謂低基期股票？我先用線型型態來補充說明，低基期股票基本上又分為**上漲過程低基期以及下跌過程低基期**。

        圖4-10，你可以看見低基期位於左半部區間，且在低基期線型樣態中，可以看見K線在整個盤勢發展過程大多為一個上下整理的樣態，也就是我前面提到的，K線會發展得像一個箱子的樣態。但在圖4-10中，你可能認為這是事後諸葛，因此，我想給你更明確的研判重點—即紅色箭頭的位置，這就是上漲過程中突破低基期的關鍵點位，同時也就是突破低基期的買點位置。隨後，會發生一波驚人的漲幅，但這樣突破低基期的買點位置，將會是一般投資人不敢進場的買點，理由是當你回頭往左邊K線型態一看時，你會認為便宜的進場點沒買，卻是買在高點的進場價位。

這種上漲過程中的低基期型態，多是控盤者所主導的攻勢，是一件不易發現的低基期進場型態（這邊所提的投資商品是股票；期貨商品則例外，在期貨市場中是蠻容易見到的）。當然上漲過程中的低基期雖不易發現，你可以考量將下列的圖示作為樣板，套用在你觀察的投資標的物上。

接著，一起看下跌過程中的低基期型態，這是比較容易克服心理因素的操作樣態。

下跌過程中的低基期對普遍的投資人來說，是一件比較容易克服心理壓力的投資方式。圖 4-11，你看見 K 線下探至低點，對許多投資人來說，這是撿便宜的時刻。特別是投資商品若為股票時，則更容易讓投資人可以快速決定是否進場撿便宜。當然，這張圖示提供一個完整的解說，請看圖 4-11 的最左上角的箭頭，這裡是該標的物的高點價位，K 線繼續下探後至一個更低的價位，創造低價還有低價的超級進場點位。此刻的你只要能通過一個心理關卡，不要怕還有更低的價位，那麼便可進場買入該投資標的物。當然這張圖是

圖 4-11 下跌過程中的低基期型態。
資料來源：作者提供

為了示意，所以特別找出來給你觀察用。萬一我剛剛提到的買點並非最便宜的價位時，那麼你只要記住一個操作方式即可降低投資風險，而這個方式就是當你覺得該標的物來到極具吸引力的價位時先買入一部分的資金，萬一再出現更低價位則可將剩餘的資金在此刻投入。換言之，進行分批佈局買入即可將低你的投資風險。

了解完低基期的補充教材後，回到我要與你分享的 A 計畫。簡單來說，A 計畫當中所提到的將獲利轉向低基期商品，即表示你可以將獲利的收益部分轉向投資目前正在走下跌過程中的低基期股票。記住這個計畫是將收益部分轉投資其他商品。同時，在你介入新的股票商品後，是非常有機會享有剛剛所提到的投資到極具吸引力的股票上。至於，後續這份獲利當中可能繼續產生出的股息，可以不斷的累進在相同的股票上。畢竟，這是純利的複利滾存，基本上並不會造成你患得患失的投資壓力。

另外，這個案例則需要回到投資商品為一股票上來說，希望你可以舉一反三的融會貫通我的舉例。你投資的股票若已經產生獲利時，你也可以參考計畫 B 的方式。

- B 計畫：也就是將投資股票獲利產生後的本金存至其他投資標的物；換言之，B 計畫是留下投資股票的獲利在原股票，而將投資 B 計畫的原始投資本金轉往其他投資標的物─股票。將此本金投入下跌過程中的低基期股票，進而等待一個更可能發生的獲利，這也是另一個複利滾存的好方法，同步分享給你！

2. **複利滾存計畫：**

不論是股票或是期貨，都是有期程的完成你的財富自由計畫。投資最美好的事，就是越來越靠近你的財富自由夢想。而不間斷的攻城掠地擴充你的資本基礎，必須要有一套複利滾存的計畫，以下為一套「期貨商品複利滾存」的方案。本案例以 MXF8 指數期貨為範例，依照 2025 年 1 月

分公告的期貨原始保證金為 80,500 元；若你採用新布林通道交易訊號進行交易，每月可產生的報酬率約莫 10% ～ 30%，我用一個均值 25% 來統計兩年的複利滾存方法，另同時分享給你兩年期間你可以執行的 A、B 兩個交易計畫。

表 4-1　A 計畫下的規劃書屬於高風險交易者 ALL-IN

月份\說明	商品	交易單位數	原始本金	規劃%	獲利金額	資產累進總金額
1	MXF8	1	80,500	25%	20,125	100,625
2	MXF8	1	80,500	25%	20,125	120,750
3	MXF8	1	80,500	25%	20,125	140,875
4	MXF8	1	80,500	25%	20,125	161,000
5	MXF8	2	161,000	25%	40,250	201,250
6	MXF8	2	161,000	25%	40,250	241,500
7	MXF8	2	161,000	25%	40,250	281,750
8	MXF8	2	161,000	25%	40,250	322,000
9	TXF8	1	322,000	25%	80,500	402,500
10	TXF8	1	322,000	25%	80,500	483,000
11	TXF8	1	322,000	25%	80,500	563,500
12	TXF8	1	322,000	25%	80,500	644,000
13	TXF8	2	644,000	25%	161,000	805,000
14	TXF8	2	644,000	25%	161,000	966,000
15	TXF8	2	644,000	25%	161,000	1,127,000
16	TXF8	2	644,000	25%	161,000	1,288,000
17	TXF8	4	1,288,000	25%	322,000	1,610,000
18	TXF8	4	1,288,000	25%	322,000	1,932,000
19	TXF8	4	1,288,000	25%	322,000	2,254,000
20	TXF8	4	1,288,000	25%	322,000	2,576,000
21	TXF8	8	2,576,000	25%	644,000	3,220,000
22	TXF8	8	2,576,000	25%	644,000	3,864,000
23	TXF8	8	2,576,000	25%	644,000	4,508,000
24	TXF8	8	2,576,000	25%	644,000	5,152,000
25	TXF8	16	5,152,000	25%	1,288,000	6,440,000
26	TXF8	16	5,152,000	25%	1,288,000	7,728,000
27	TXF8	16	5,152,000	25%	1,288,000	9,016,000
28	TXF8	16	5,152,000	25%	1,288,000	10,304,000
29	TXF8	32	10,304,000	25%	2,576,000	12,880,000
30	TXF8	32	10,304,000	25%	2,576,000	15,456,000
31	TXF8	32	10,304,000	25%	2,576,000	18,032,000
32	TXF8	32	10,304,000	25%	2,576,000	20,608,000
33	TXF8	64	20,608,000	25%	5,152,000	25,760,000
34	TXF8	64	20,608,000	25%	5,152,000	30,912,000
35	TXF8	64	20,608,000	25%	5,152,000	36,064,000
36	TXF8	64	20,608,000	25%	5,152,000	41,216,000

資料來源：作者提供

- A 計畫：第一原始保證金 80,500 元，交易一個月報酬 25%，則當月資本會增加至 100,625（計算方式：80,500×25% = 20,125 元＋（原始本金）80,500 元＝（累計總資本）100,625）。換言之，累計四個月後你的總資本將來到 161,000 元。此刻的你將可執行 2 口指數期貨的計畫，也就是 161,000 元全數進行指數期貨交易；若你能落實新布林交易計畫，則第二個月將會再產生 161,000 元的獲利，而此刻你的累計總資本將到達 322,000 元。以此類推，第三個月期末將到達 644,000 元，兩年後的總金額相當相當驚人。以下將做一份試算規劃書供你參考，複利滾存後，總資產增加到驚人之數。當然，你可能會認為這個風險相當高；那麼，你可以參考 B 計畫交易模式，穩扎穩打同樣驚人，接下去看完整 B 計畫。

- B 計畫：同樣一個月採 25% 獲利計算，首月交易後的累計總金額為 100,625 元，累計四個月後之總資本累計將推升至 161,000 元。於此開始交易計畫的結構將有所不同，第五個月開始交易前，你要先將本金抽回 80,500 元，並繼續累計四個月的實戰經驗，創造出另一套 80,500 元的本金。雖然這樣的滾動速度並不是十分驚人，不過複利滾存的計畫，可以保有一套資金在身邊，萬一操作過程中有遇到意外或是亂流時，你可以有東山再起的機會。當然，這樣的穩扎穩打計畫，不外乎希望你也可以將抽回的獲利金額作其他商品或投資標的物的選擇，唯有多樣的練習才能夠全面提升你的投資計畫，打開全面性的投資思維，對你未來的交易是有絕對的幫助！

特別是當你的資金水位越來越高時，受迫性的你也必須要學會其他商品的交易。有關大額資金水位的規劃方式，在下一章節中也都會提供相關的說明給你，希望你可以按部就班的練習計畫，不出幾年的基本功練習，你同樣會在深度的練習下產生十分驚人的成果。於此，我同樣的也做了一張試算計劃書，希望你也可以透由穩扎穩打的練習，相信一段時間後，你仍舊能成為一位千萬富翁候選人。

表 4-2 B計畫下的規劃書屬於穩健型交易者

【B計劃下的規劃書是屬於穩健型交易者STEP BY STEP】

月份\說明	轉出規劃	商品	交易單位	操作本金	規劃%	獲利金額	資產累進總金額	淨資產金額
1		MXF8	1	80,500	25%	20,125	100,625	
2		MXF8	1	80,500	25%	20,125	120,750	
3		MXF8	1	80,500	25%	20,125	140,875	
4	80,500	MXF8	1	80,500	25%	20,125	161,000	80,500
5		MXF8	1	80,500	25%	20,125	100,625	
6		MXF8	1	80,500	25%	20,125	120,750	
7		MXF8	1	80,500	25%	20,125	140,875	
8		MXF8	1	80,500	25%	20,125	161,000	
9		MXF8	2	161,000	25%	40,250	201,250	
10		MXF8	2	161,000	25%	40,250	241,500	
11		MXF8	2	161,000	25%	40,250	281,750	
12	161,000	MXF8	2	161,000	25%	40,250	322,000	241,500
13		MXF8	2	161,000	25%	40,250	201,250	
14		MXF8	2	161,000	25%	40,250	241,500	
15		MXF8	2	161,000	25%	40,250	281,750	
16		MXF8	2	161,000	25%	40,250	322,000	
17		TXF8	1	322,000	25%	80,500	402,500	
18		TXF8	1	322,000	25%	80,500	483,000	
19		TXF8	1	322,000	25%	80,500	563,500	
20	322,000	TXF8	1	322,000	25%	80,500	644,000	563,500
21		TXF8	1	322,000	25%	80,500	402,500	
22		TXF8	1	322,000	25%	80,500	483,000	
23		TXF8	1	322,000	25%	80,500	563,500	
24		TXF8	1	322,000	25%	80,500	644,000	
25		TXF8	2	644,000	25%	161,000	805,000	
26		TXF8	2	644,000	25%	161,000	966,000	
27		TXF8	2	644,000	25%	161,000	1,127,000	
28	644,000	TXF8	2	644,000	25%	161,000	1,288,000	1,207,500
29		TXF8	2	644,000	25%	161,000	805,000	
30		TXF8	2	644,000	25%	161,000	966,000	
31		TXF8	2	644,000	25%	161,000	1,127,000	
32		TXF8	2	644,000	25%	161,000	1,288,000	
33		TXF8	4	1,288,000	25%	322,000	1,610,000	
34		TXF8	4	1,288,000	25%	322,000	1,932,000	
35		TXF8	4	1,288,000	25%	322,000	2,254,000	
36	1,288,000	TXF8	4	1,288,000	25%	322,000	2,576,000	2,495,500

資料來源：作者提供

最後我透過一個完整的【A計畫與B計畫的綜合比較圖】來做一個獲利計畫的總結。

有關這一點我還是要回到初心，也許表4-3可以明顯的看出，A計畫確實在複利滾動過程中累計資產是相當快的節奏，但你絕對不可以因此強迫自己只能選擇A計畫，其實我如此與你分享，端看本節的案例只是希望能打開你的思維。沒有一個固定制式的計畫是完全符合每一個人的，唯

有你不間斷的提升操作經驗，並建立良好的投資思維，才能夠穩健的在投資市場上存活下來。這本書，我一直不斷的強調一個重要的觀念，那就是適合自己的交易模式，這才是我想傳達的最重要訊息。

我與你一樣，都是平凡人，所以，一定都會犯錯，並需要持續性的修正交易模組。在這裡會這樣特別強調的原因，主要是未來的投資模式都將進入 AI 自動交易，也就是與時俱進同樣是一件相當重要的觀念，市場操作不會只有一套模式，當然可以有很多模式可以運用，特別是這麼多優秀的專業投資人在分享如何做好投資這件事！相信在不久的將來，你會有更多的操作模組。持續學習永不間斷，才是永保彈性的最佳學習者。預祝你可以像海綿一樣，吸取市場上每一位專家的交易方案。最後，在下一章節裡，我想要分享給你的就是操作心法，希望能夠有機會助你早日登上頂峰。

表 4-3　A 計畫與 B 計畫的綜合比較

資料來源：作者提供

小結

- 複習本節五大要件：
  1. 學會低基期股票的類型與判斷。
  2. A計畫：獲利轉投低基期商品。
  3. B計畫：穩健型投資策略。
  4. 複利滾存計畫。
  5. 操作心法與學習建議將來一定要融會貫通。

PART. 5

心法篇

善用新布林不斷的演練及修正

剛經歷過砲火連天的實戰後，接下來要靜心的修煉投資戰術，也就是我常提到的「動、靜」之間，你必須要擁有運籌帷幄的心靈底層。

練就一個冷靜且宏觀的投資計畫是相當重要的，不論你投資商品是股票亦或期貨，這都是必須好好的修煉。

在本章首節中，將提供多個股票投資標的物，經由前後的時間演練來協助你研判，該股票在布林通道訊號發生時與發生後的股價波段表現結果。經由多個實戰案例來幫助你靈活的運用布林訊號切入點，將該個股的布林訊號切入點作為你重要的作戰依據。請牢牢記住，一檔股票的運行方式在多數時刻中是定型化運行的，市場通稱為「**股性**」，即為一檔個股股票的波動特性。

一般來說，當你專注的參與一個年度後，便可完全掌握該股在布林通道訊號上的表現，這也將成為你操作該檔股票的依據。或許，現在你還不太能夠明白我的意思，無妨，隨後會在首節中舉例說明，讓你更加清楚運用布林規劃你的投資標的物，發展在一個你可以預期的走勢當中，而這將是首節要分享的重點。

接續下一節的投資心法，則是認識真正的布林關鍵核心。一直續漲的股票，究竟有多少人可以抱得住？這是一件令人好奇的事，同時也是人人都想要把握的投資要件。在股票的市場裡，「多」與「空」，總是會在某一個期限中發生轉折；而新布林通道的指標又在你的投資標的物裡扮演什麼樣的角色？我會套用多個分時技術分析新布林訊號，來為你解說一個股票標的物其股價的運行標準。相信這個重要的演算邏輯可以提供你套用在投資標的物上，進而幫你明確篩選所選擇的標的物是否正在投資規劃中運行。因此，第二小節同樣是用實際案例來勾勒出新布林如何運用的關鍵核心。

最後一小節，要來談談覆盤工作，也就是投資人每天都要執行的投資功課。每天收盤後的課業，其實就是複習跟修正；而這個複習的關鍵，不外乎就是要盤點你的投資計畫，另外一項課業就是修正你的 SOP 交易模式。在這節當中，將會分別在股票、期貨這兩個商品中，各舉出一個覆盤例子；而這個例子分別就是要讓你在波段、當沖交易中，找出合適你的交易模組。同時，這也是為了回應 Part 3 的重要觀念，有好的觀念加上如何戰鬥的實戰經驗，最終，不斷覆盤成就你的交易規則，讓你從懵懵懂懂的交易人成為一個專業投資人。在最後這一節當中的覆盤調整，將會是你未來實現標準交易規則 SOP 的底層核心，然後再將你的交易底層轉換成為投資的底氣，讓你在面臨股市或期貨交易市場時，成為專屬於你萬中之選的交易模組。

PART 5 / 01 模擬交易，掌握標的物股性（穩定更換收益）

　　在本章的初步解說中，我所提到的股性即為一檔股票的波動特性。現在，我就提供幾檔股票投資標的物，並結合新布林通道訊號的發生，一起來觀看這些股票在新布林通道訊號當中的標線狀況。簡單說明為何列舉這四家上市、上櫃公司做案例，主要原因是每家公司都具有一定的代表性，而新布林通道的訊號可以套用在這四個範例當中做為範例；當然，其他產業也都可以。

【範例一】：護國神山──台積電

　　作為護國神山，當然每個投資人都很關心，因此，列為首選範例，大家應該都不會意外。主要是將 Part 3 第一節所提供的參數套用之後，一起來觀察看看這結果會是如何？

　　畢竟，這個參數值不能算是事後諸葛的參數了，而是一個實際戰況下，我所統計的參數。如果你是一個波段的操作者，相信你可以明白我提供的參數已經非事後修正的值，而是 Part 3 就提供給你使用了。資料的區間值從 2022/09/30 起至 2025/02/10 止，之後你可以在第三小節覆盤練習時，運用我所提供的參數值比對看看是否有誤。

　　明顯的，護國神山台積點在套用新布林通道訊號後的表現，可以說是相當不錯。我特別圈起來定義為一組的理由是一般投資人大多為單向做多，如果你是雙向操作的投資人，相信你應該有足夠的經驗可以辨識空點

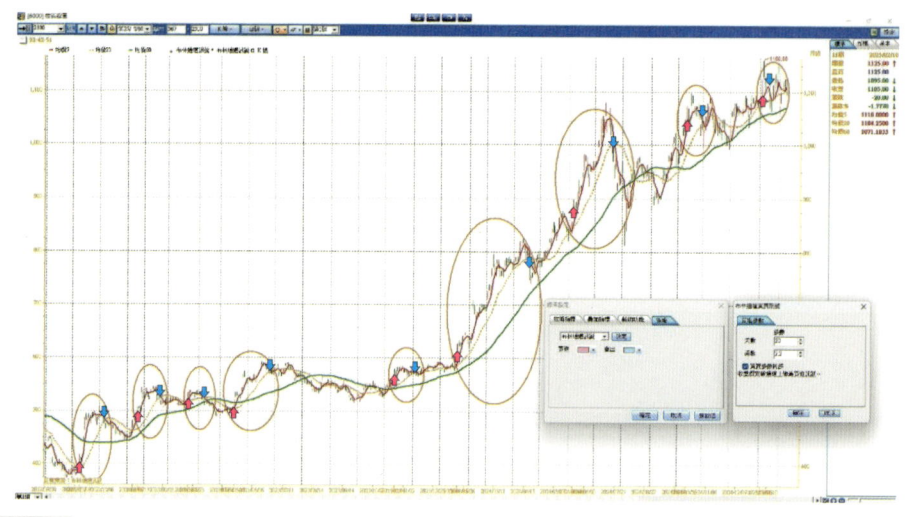

圖 5-1　2330 台積電，資料區間 2022/09/30 ～ 2025/02/10。
資料來源：作者提供

在何處？也就是說藍色向下的箭頭為空方賣點。再補充說明一下，單向投資人可以運用我所提供的參數來做一個波段的操作，以近 2 年 5 個月的表現來說，你應該可以獲得十分滿意的報酬。

但現在說這件事是結果論，我所提供的新布林通道參數值並不是事後演算，而是一個十分合適投資人進行波段操作的交易參數，一共發生 9 次交易。也許，一檔個股並不能表示出這組參數值的好用之處，就讓我們一起繼續往下看。

【範例二】：全球第一 IC 晶片設計大廠——聯發科

第二檔個股為同樣世界第一的 IC 設計大廠，聯發科。為何選聯發科，原來的初心是為了要表現一個波動性較高的個股，另外還有一個要件要驗證，即聯發科的股本大小與台積電有著明顯的差異（聯發科股本 160.17 億；台積電股本 2593.27 億），因此波動的狀況就會相較於台積電多許多，後續抓圖確定無誤，一共發生 11 次交易。如圖 5-2 所顯示，同樣的，資料的區間值從 2022/09/30 起至 2025/02/10 止，聯發科也是有很好的表現。

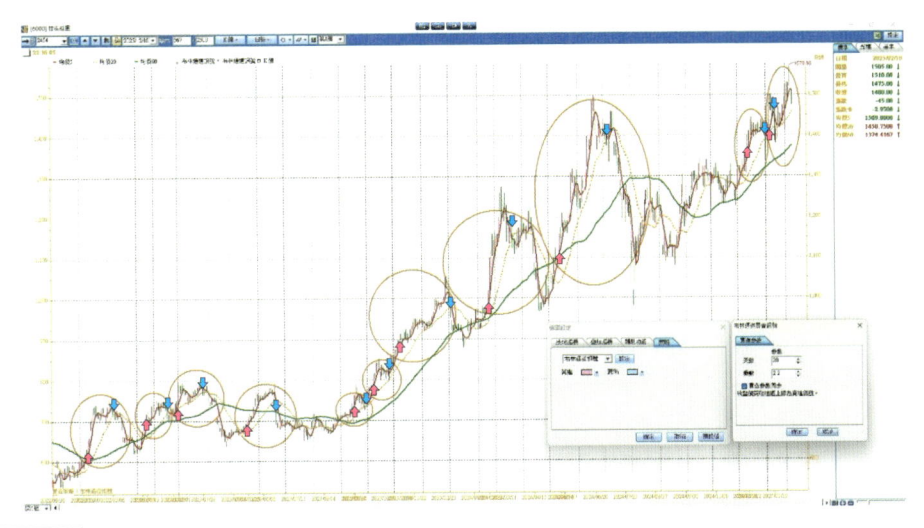

圖 5-2　2454 聯發科，資料區間 2022/09/30～2025/02/10。

再往下看，將更換為股本更小且為上櫃的公司，這樣好有個延續性的挑戰與觀察；新布林通道訊號是否一樣能夠有好的表現。

【範例三】：台灣隱形眼鏡市占第一——晶碩光學

　　第三檔個股，和碩集團下的隱形眼鏡上櫃公司。這檔個股會被我列入名單，主要是為了區分上市公司與上櫃公司之間的股本差異所帶來的波動樣態。以晶碩來說，股本為 7.8 億，那麼相較上市公司就低了許多。對於股本較低的公司來說，多規範於上櫃公司，這個部分是依照台灣證券交易所規範而訂，這屬法令規章基本面的資訊，請你可以自行查閱。因為全投資市場要學習的方向很多，我還是直接就重點切入，談上市與上櫃主要的差異，主要為公司的股本及年度總營業有達證券交易所相關規定，而向證交所申請且符合公開發行的條件，最終被定義為上市或上櫃。

　　簡單來說，上市公司股本較高，上櫃公司股本較低；換言之，股本較低容易被炒作，理解一下即可。對於新布林通道訊號所造成的影響，就是波動會較大，結果會是個股的股性本身上下波動較為劇烈。不過，以這

家上櫃公司來說，區間資料值同樣從 2022/09/30 起至 2025/02/10 止，最終 11 次的交易結果仍然是賺多賠少。但是這個結果，你應該不會很滿意；特別如果你是在 2024/05/02 後才開始運用這套新布林通道訊號，你可能會很不舒服，這點絕對是可以理解的。

　　同時，你也會開始疑惑新布林通道訊號的準確性了？我可以理解你的想法，所以我提早在 Part 4 節當中有另外提供了盟軍技術分析工具給你，為的就是讓你可以避免發生錯誤交易造成損失。再者，每個投資人的投資基礎真的差異很大，我真的只能盡力傳達所有的知識及重要訊息給你，如有不足，也請見諒！很多的基本功及心法都是要經過千錘百鍊的，絕非一朝一日即可成就。

　　回到這檔和碩與布林的重要互動關係，你可以觀察到在上漲過程中，大多有較高幅度的獲利空間；反之，在下跌過程中，新布林訊號所帶出的訊號通常都不長，而這就是這檔個股與新布林訊號之間的互動樣態。而你要學會的就是在下跌過程中，其個股所表現出的股性樣態。掌握好這樣的股票與新布林訊號樣態，基本上還是可以穩坐，妥妥當當的獲利。

PS：預告一下該檔個股未來表現，這檔有符合我在本書所提的低基期樣態，至於低基期樣態應該如何運用新布林訊號進行模組交易，你可以在本書發行後回頭覆盤練習。

圖 5-3　6491 晶碩光學，資料區間 2022/09/30 ～ 2025/02/10。

【範例四】：台灣最大鋼鐵企業──中鋼 1577.31 億

慘不忍睹的中鋼，身為台灣最大的鋼鐵公司，發生如此般的股價趨勢表現。在下降的趨勢過程中，新布林訊號並未提供太多次的交易。在總共 6 次的交易中，從 2023/01/31 高點後，僅有 3 次交易是屬於在下降趨勢過程中，並且新布林訊號仍舊有提供你獲利的機會點，如圖 5-4 結果。這個案例是跨電子產業外的案例，主要也是為了比較出新布林訊號在不同產業所演算出的結果。重要點一樣提供給你，中鋼為上市公司，股本較大，不易在新布林訊號上發生多次交易機會，不論多頭或空頭，特別是你看看上述的台積電、聯發科、和碩對照一下，便可清楚我想表示和碩為上櫃，所以波動就高出許多。

接著看，在下降過程中的上市櫃公司，其新布林通道訊號並不會提供多次交易機會；再換個說法，就是上市公司加上新布林訊號發生較少時，這檔股票就是處於一個繼續下跌的趨勢過程中，那麼就請你可以去找找其他投資標的物。這也呼應了我所提到的，你應該尋找波動性較高的投資標的物來搭配新布林通道訊號。同時下面這個也很重要，不要尋找太容易被炒作的標的物，例如：上櫃公司、股本小的公司……等等。實務認真

圖 5-4　2002 中鋼，資料區間 2022/09/30 ～ 2025/02/10。

　　說起來是很容易，但對不少投資人來說，這是很難的一件事。畢竟，許多投資人都說自己是做波段的投資人，結果，一被套牢，立馬就會變成是存股的投資人了。真的不要這樣，說到底還是沒認清自己合適什麼樣類型的交易。這檔中鋼，也是為了給你聰明的腦袋瓜思考一下，在空頭狀態下新布林通道與中鋼並沒有很多的互動交易訊號。

　　理解了嗎？不論在投資交易過程中要面對的抉擇或心理因素困不困難，在這一小節中整理了四個投資標的物給你，不外乎希望你可以透過簡單的投資樣本，來觀察你的投資標的物。也就是我常提到的，將你的投資標的物套用新布林通道的參數，並透過訊號的發生進而開始模擬交易。更重要的是觀察你的投資標的物與新布林通道的互動樣態，在我說的學習過程中去掌握好你的交易模組才是重點。

　　另外，一般來說，當你專注的觀察你的投資標的物一個年度後，便可完全掌握該股在布林通道訊號上的表現，這也將成為你操作該檔股票的依據。這裡補充一下，不是你一定要天天這樣累計的看一檔股票一年，你可以藉由 K 線的時間軸套用及移動，並將新布林通道參數帶入模擬你的

投資標的物,相信兩者並用後可以縮短你掌握投資標的物股性的時間。加強補充,我要同時提醒你的是,請務必回顧一下 Part 4 第四節提到的新布林通道盟軍—大勢力線。這也是這小節,除了要透過新布林觀察你的投資標的物外的另一個重點,有了盟軍,等同你掌握了整個市場的脈動。

小結

- 再次覆盤布林原生思維及學習曲線:
    1. 本節選擇範例的理由。
    2. 新布林通道的應用。
    3. 適合的交易策略與運用。
    4. 投資標的物的選擇與波動性評估。
    5. 操作建議的再次套用。

PART 5 / 02 認識新布林的核心關鍵

　　剛剛我分享給你的是，如何運用新布林通道訊號進而掌握投資標的物的股性，相信你可能會覺得每一趟的波段操作都需要相當的時間才能產生獲利，而這個獲利時程對你來說如果太慢，可以考量縮短剛剛的投資標的物 K 線分線圖。也就是將這四個標的物的 K 線分線圖縮短為 60 分線，當然你也可以設定為 30 分、15 分或 5 分線。有關分線圖的時間軸設定參數，你可以回到 Part 3 第一節，參考我所提供的參數值。同樣的，我還是必須要強調，運用分線圖的結構套用新布林通道是為了換取訊號這件事；而訊號的判讀，則需要提升你的內力。所謂的內力，就是你對於分線圖時間軸越短時，表示波動性越大，所以在此我舉 60 分線的理由是為了套用在這四檔範例上，讓你可以顯著的比較日線與 60 分線套用新布林通道參數後的表現。藉此，可以讓你更清楚這當中的差異點，希望你可以繼續練就 30 分線、15 分線、5 分線，全面提升你的內力。同樣的，也來看看 60 分 K 線所帶出來的新布林通道訊號有什麼不同之處？

【範例一】：護國神山—台積電，60 分 K 線

　　從 2024/11/22 10 點起算，一共有 40 個工作天，按每日共有 4.5 小時交易時間，等於會有 5 根 K 的意思，那麼總共會發生的 K 線數量如下計算：

（40 天 ×5 根 K 線）− 1（圖 5-5 所載時間為 13:30 點起算，故減少 4 根 K 線）= 196 根 K 線。

圖 5-5　2330 台積電，資料區間 2024/11/22 13:30 ～ 2025/02/10。

　　套用參數值後，可以看出總交易次數僅為 5 次交易；相較於日線來說，僅 1 次交易高出許多，請參考上一小節的日線時間軸。而這就是縮短為 60 分 K 線後所帶來的交易機會，當然並不是每個人都可以這樣盯盤交易的；所以還是要配合你可以的交易節奏。

　　如果你的眼睛有認真的關注我圖像所帶來的參數值，一定會很好奇一件事，為何與 Part 3 所提供的參數值不同？此處，就是練就你心法的關鍵，同時也是新布林通道訊號的核心。原來的參數其實是用作期貨交易使用的，而現在的參數是用在股票商品上，我是不懂藏私這件事，但也要先聲明，據說公開後的參數在一段時間後就不一定精準了。我個人是覺得不要緊，原因很簡單，電腦內建的布林通道參數是你可以餵進去的，所以靈活的你請答應我，一定要好好的練就一套屬於你的交易模組。倘若這個參數失效了，你可以換掉這個參數，這就是在幫助你尋找一個適合你的交易時間點；而靈活、彈性與張力，才是你存活在投資市場的本錢，好好加油！

　　其實，我希望你可以吸收的就是時間軸這件事；而時間軸交易模組因為搭配著你的交易作息，所以只能自己規劃出屬於自己的交易模組。

另外，透過文字的說明來表示一個既成的圖像成果，其實是蠻事後諸葛的，對我來說啦！但我也只能盡力去說明，希望你可以體會箇中的關鍵點。而科學化的交易在我心裡其實是一成不變的交易模組，這些交易模組都是不斷的更迭起落，但真的是一成不變。唯一會變得其實是你的思維，後面找機會繼續補充。

【範例二】：全球第最大 IC 晶片設計大廠，聯發科，60 分 K 線

這邊一樣快速分析一下，在日線上的表現共有 2 次交易，60 分 K 線上卻有 8 次交易機會；換算一下，40 天的交易日有 8 次，那麼平均結果：

40 天（交易日）/ 8 次＝ 5（天／次），平均 1 週有機會交易 1 次

股本大小會影響股價的波動性，大勢力線當中的上升趨勢結構再次應證了，新布林通道訊號產生的機會點會比台積電下降多許多。而剛剛在談日線四個案例的過程中，等會應該有機會再次驗證，新布林通道訊號在下降趨勢過程中，能提供的交易訊號會少掉許多才對。但以這個案例相較於台積電而言，最大的差異點應屬台積電股本較大因素，故造成整體的交易次數會偏低的結果。

請你有機會再次調整，這檔股票的 30 分線、15 分、5 分線吧！提升內力的過程當中，優先要能領悟，但光憑領悟是不夠的，更要完整的體驗。這就是我常常舉例的沒有親身體驗過的愛情，如何能教人深刻動容！希望可以引發你好好練功的動力。

圖 5-6　2454 聯發科，資料區間 2024/11/22 13:30 ～ 2025/02/10。

【範例三】：台灣隱形眼鏡市占第一，晶碩光學，60 分 K 線

來囉！這上市櫃公司近 1,700 家，為何我會抓到這個案例。認真說，這其實是長年累計而來的直覺反應。同時，我一直是很幸運的人，一旦我開始寫書，總是會很順利的抓到很棒的案例。不過，還是要善意的建議，每一個基本功都是有練過的，市場上的老師都是有這樣的過程，當然以後程式自動交易及 AI 交易後就難說了。

談遠了，繼續這檔低基期的股票—晶碩；在日線的交易過程中，由於處在下降趨勢線當中；因此，新布林通道訊號僅提共 1 次的交易訊號。但誠如上一小節我提到的低基期股票，也就是該檔個股準備轉折向上，所以在 60 分 K 線的表現當中，套用了新布林通道參數後，一共出現了 5.5 次的交易訊號。

簡單說，當個股股價在低基期隨即將發生股價趨勢扭轉時，新布林通道所呈現的訊號，就是向上趨勢過程中交易訊號較多；而下降趨勢線則訊號會較少。晶碩準備進入偏多的走勢了！本書發行後，你也可以回頭檢查看看，若無意外，將反轉向上！

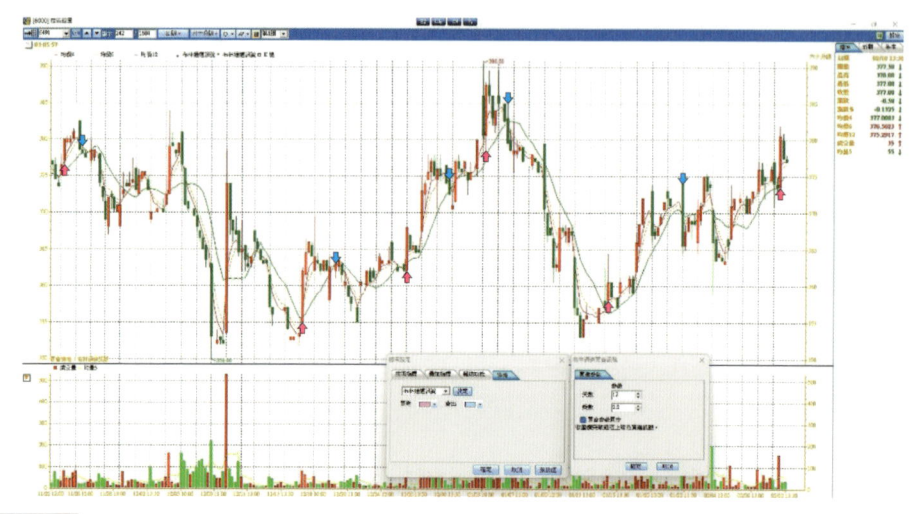

圖 5-7　6491 晶碩光學，資料區間 2024/11/22 13:30-2025/02/10。

【範例四】：台灣最大鋼鐵企業，中鋼，60 分 K 線，1577.31 億

　　中鋼，一檔也雷同於低基期反轉向上的代表，一樣再次檢查其結果是否如預期那般表現。在日 K 線中，我們尚未見到中鋼在新布林通道中有提供任何交易訊號，但卻在 60 分 K 線中出現了 1 次的交易訊號。顯然，這落底的時間可能還要再觀察看看，主要的原因相較於剛剛的晶碩對照組，不外乎是中鋼的股本真的太大了。所以即便面臨到可能的低基期狀態，仍需要更多的時間來扭轉整體的趨勢結構。

　　就用一個簡單的比例原則來看看：

　　中鋼 1577.31 億：晶碩 7.8 億＝ 202.2 倍

　　這懸殊的股本比例，將會為新布林通道帶來更長時間的轉換期；所以，倘若你是一位較短線的交易者，建議你可以更換其他標的物做新的投資計畫。當然，中鋼被稱牛皮股的轉機機會點，不外乎就是成交量的提高，有機會創造更波動性的股價表現，那麼最終就會帶來新布林通道的訊號發生。期待，中鋼早日擺脫這個窘境。補充一下，如果你覺得殖利率的報酬

圖 5-8　2002 中鋼，資料區間 2024/11/22 13:30 ～ 2025/02/10。

不錯，是可以將其列為存股的投資標的物。

顯然，股本、交易量、趨勢走向都是一再的影響新布林通道的訊號表現，請你掌握這幾個要點。最後我再整理一次趨勢線走向與新布林訊號的關聯性，小結一下中鋼，仍舊需要時間及成交量來創造股價的波動，方可觸發新布林通道的買入訊號。

立刻總結，這小節有關上升趨勢線與下降趨勢線觸發新布林通道訊號的四種樣態及重點整理。

1. **升趨勢線**→股價在上升趨勢線中的新布林訊號較為頻繁，且時間軸較長。
2. **上升趨勢線轉入下降趨勢線**→股價由上升轉下降，新布林訊號由多降至偏低狀態，且新布林的交易訊號時間軸較短。
3. **下降趨勢線**→股價在下降趨勢線中的新布林訊號相較偏低，且時間籌較短。

4. 下降趨勢線轉入上升趨勢線→股價由下降轉上升，新布林訊號由偏低提升至較多狀態，且新布林的交易訊號時間軸較長。

　　相信大家都是看著已存在的 K 線圖來預估未來股價的表現，所以剛剛的四個型態要件，你也許會好奇如何判斷。說真的，我是沒什麼本事能預測未來會發生什麼事，我的直覺看法或許可以提供給你參考。如果該檔個股在日線上的表現，已經明顯的出現較多的新布林訊號，那我直覺的會切換到 60 分線上看看，現況的樣態是否仍舊是屬於偏多訊號樣態，如果是，就持續運用新布林訊號進行波段買、賣。倘若是 60 分線訊號樣態偏向短且低時，那麼我會認定該檔個股準備進入回檔修正狀態。總體來說，你還是要融會貫通這 part 5 第 1 小節與第 2 小節，新布林通道訊號與個股互動的關鍵核心。

　　另外，這一小節還有一個心法要額外補充；雖然，你可以透過新布林通道的訊號來掌握股價的發展走勢，但你仍然要記住，不論是何種投資商品居高總要思危，扭轉局勢絕非一時半刻。能夠研判你個股的走勢關鍵，其實是時間，而新布林通道訊號卻是能夠提供你時間軸的最佳技術分析工具。

小結

1. 縮短時間軸提升交易機會：將K線圖時間軸縮短至60分線或更短，可增加交易機會，但需提升操作技巧以應對更高波動性。
2. 範例分析：不同公司股本與趨勢影響交易機會，股本大（如台積電）交易機會少，股本小（如聯發科、晶碩）則更多。
3. 股本與交易量的影響：股本與成交量直接影響新布林通道的訊號頻率與有效性，需根據個股特性調整策略。
4. 趨勢與訊號關聯：股價在不同趨勢中（上升、下降）會影響新布林訊號的頻率和時間軸，需靈活判斷。
5. 交易決策：若60分線訊號偏多，繼續波段操作；若偏低，則可能進入回檔修正，應停止操作。
6. 心法與靈活應變：新布林通道提供股價趨勢分析，時間軸為核心，需根據市場變化靈活調整策略。

PART 5 / 03　覆盤你的新布林計畫（股票、期貨）

　　覆盤的工作是這樣的，一共有三個要件：

1. 投資標的物：

　　我會一直不斷的反覆確認你的交易標的物，這絕對是一件十分重要的事。對於許多人來說，股票是多數人的交易核心，而礙於本書的章節及文字表述，我本身又希望能儘可能的呈現新布林通道可以帶你的種種優勢，已盡了最大的努力進行章節比重分配。希望你可以交叉運用期貨商品範例所衍生的資料，直接套用在股票上進行模擬。畢竟，股票我是比較不熟悉的；股票交易，基本上我只是運用在存股計畫下。同時，這存股的計畫多是我期貨交易獲利後的收益，因此，我並不會受到股價的波動而影響我的存股計畫。正因為這個原因，所以有關股票交易的部分，我多為買入低基期股票而已。買入前當然還是會稍作簡單研究新布林通道的訊號，誠如我上兩節所提的快速研判，將獲利轉為存股部位。

　　不複雜的交易型態，可能是長期研究期貨及快速交易下的結果。當然，我也很希望你可以加入期貨的交易行列，畢竟期貨交易市場是一個不需要煩惱股本大小，同時也不用太擔心無法賣出股票的環境。更重要的是台灣可交易的時間一日共有 19 個小時，這麼長的時間比較容易配合我隨時可自由交易的模式。

另外，分享給你台灣期貨市場在 2024 年 7 月 29 日已經正式推出了，原始保證金 16,100 元不高，1 點漲跌 10 元；對於想要波動性高的投資人十分適用。只是提供給你參考，至於選擇與否端看你個人決定。

當然，你也可以反過來交易；也就是穩穩的將新布林訊號套用在股票上，然後將獲利的收益轉作期貨實戰，進而達到快速累計資產的成果。相信不論你採用何種投資商品，只要能夠合適你的交易模組，這就會是最好的組合，沒有絕對的答案。雖然很多時候許多交易高手都習慣用洗腦的方式，格式化你的大腦，但我個人並不偏向此做法，畢竟每個人的原生家庭及成長過程皆不相同，所以我比較偏向發展屬於你個人的交易模組。因此，我說過的能夠啟發每一個可能，也是我愉悅的動力來源。畢竟，最強也只能跟自己比評，這才會是最舒服的交易樣態。唯有不斷的超越自己，相信你也能夠享受到那份成長的喜悅。

2. 交易時間軸：

交易時間軸，這是屬於比較經常性的工作；我在 Part 4 當中，有提供了我的交易視窗，一共有四個畫面，這當中有一個必要的畫面，主要是練習將你的投資標的物切分為 4 個分線圖，並進行大勢力線的繪圖練習。將 4 個分線圖，對應你的投資標的物，並套用不同分 K 線及新布林通道參數值，認真的觀察你標的物與新布林訊號的互動狀況，明確的心法就是「長線保護短線、短線攻擊作為長線的前鋒」。

繼續討論一下，如果你的現況沒有四個螢幕也沒問題，至少兩個螢幕是必需的，一個看即時資訊，一個下單用，這樣應該是最基本的作戰中心了。特別提這一點，主要是希望你能夠進行一個為期 90 天到 120 天的交易時間軸覆盤演練；也就是連續套用新布林參數在你的投資標的物上，並圈選每個分 K 線所發生的訊號，最基本 30 天的交易資料。

圖 5-9　時間軸交易練習範本。

當你圈選完後，再進行大勢力線的繪製。只要能夠連續完成 90 天，這盤勢的脈動就可以在你練習的過程當中成為你腦中的交易型態。倘若再加上實戰交易，不出 6 個月，就可以完整規劃你的資產累進計畫了。

　　我再提供範例圖 5-9 給你參考，希望可以幫助你穩定持續完成這項時間軸的交易練習。

3. 資產累進計畫：

　　許多朋友都認為沒有獲利，如何談資產累進計畫，對吧？！但我的看法或許與你可能相左，但沒有對錯，只是看法不同而已。簡單來說，如果你沒有目標，那麼又該如何達成你心中的目標呢？多數人都是先想我做到後再規劃，但我給你的建議是儘可能的具象。具象化的好處是，目標在眼前後就可以勇往直前的大步邁進。當然，在交易的過程中，總是有可能一定是順遂的。但惟有你制定好一個基礎的目標後，並持續不斷的前進，遭遇挫折持續修正，總有那麼一天會完成這個標的。

　　另外，當然要提醒你目標導向固然重要，但也不要訂定嚴苛無法達成的目標。我曾經犯過這樣的錯，所以導致我前功盡棄，最終我的選擇即

便每日只有僅僅的 1% 收益，按台灣證券交易所公告的 2025 年交易時間也有 246 天，但這樣換算下來，累計一年共有 24.6%。若是 3%，則一年也有 73.8% 的獲利率，其實這同樣是驚人的數字。

不要害怕具象化的實現投資夢想，實現具象的方法有很多，需要克服的除了操作技巧外，我個人認為心理素質佔有一定重要的比例。倘若你認為你的努力是無關緊要的，那麼結果便會誠如你希望的發生。找出每次你交易正確及錯誤的關鍵，並不斷的修正至完美，這才是王道。因此，在實現財富自由的過程中，你認為每個目標的達成都是理所當然的，並且很順利的如期完成你所訂定的重要里程碑，那麼完成你的財富自由目標便是指日可待。

繼續囉嗦，我相信在你每次出手交易的前期，可能會疑惑，甚至猶豫不決你的判斷。在 Part 5 節的最後，我其實是要告訴你，好好的與新布林通道訊號談戀愛，這場戀愛將會帶給你最合適你的交易模組。這個故事是這樣的，有很多人重複的在做這件事，也就是我要成為武林至尊，亦或希望自己能創造出更完美的交易模組，認真說不要這麼辛苦，同樣是為了喝一杯牛奶，卻要養一頭牛，然後又接著買下一座森林，這些都是不必要的。很多交易模組都是非常好用的，很可惜的是大多數人都無法堅持在某一個交易模組中找到最合適自己的交易型態。並非研發的人不好，問題反而是你，應該說你是否有體會到所有技術分析工具的峰頂模組。在投資市場上，每個人都有自己想要取得的某一段報酬，人人皆不同。何須將別人的模組套用在自己身上，因為那樣的模組可能成為你的枷鎖。善用好的技術分析工具，不斷的修正及克服正確與錯誤的交易，這就是覆盤；而這個工作將會讓你更快速早日抵達你心中的王國。

小結

1. 選擇投資標的：選擇適合自己的股票或期貨，運用新布林通道策略，並將獲利轉為期貨實戰，快速累積資產。
2. 交易時間軸：使用至少兩個螢幕，進行 90 至 120 天的交易練習，標註新布林通道訊號，內化交易模式。
3. 資產累進計畫：設立具體的交易目標，穩步前進，即便回報較低，持續修正交易策略，最終實現財富自由。

PART. 6

通透篇

脫胎換股新布林

在投資這條路上，其實不論你做的投資計畫是存股計畫、波段交易，亦或是當沖交易；其實，隨時運用新布林通道的訊號來幫助你檢視或監控你的投資標的物，真的會是一個十分容易管理的工具。

大家都理解，股票市場總是有漲有跌，時間周而復始地運作。回過頭來要檢視的還是你的投資或交易模式。作為地表最強的控盤工具，那麼便代表其存在的價值是不可撼動的。從 part 3 閱讀到 part 5 的過程中，相信已經理解我為何要反覆建議運用新布林通道訊號，它可以輕鬆的為你管理好你的投資標的物。因此，在本章的首節中，我會加強你建立新布林通道監控系統的深度，並導入正確的監控觀念來輔助你作完整的管理。

擁有了頂尖監空系統，當然接續的即是將所有的交易模組導入為自由交易的狀態，讓輕鬆交易變成一個自由的交易。也就是在這一小節裡我們要切分每個訊號所帶來的交易空間；在每個訊號與訊號發生的過程中，你都可以進行投資或交易。千萬不要覺得只有訊號發生當下才能進行交易，每個機會點都存在著潛報酬及獲利，更重要的是心境能夠輕鬆，後續交易才會舒服。這一小節會有每位投資人未來都需要必備的自由交易工具分享，同時會在此節一同分享給你。

投資標的物的未來走勢，相信都是大家所關心的議題！市場的走勢，基本上可以建構為一個長線趨勢＋短線的交易趨勢線；在第三節裡，我想把你的投資模組再次劃分一次，因此也有了這小節中需要提到的長線＋短線操作模組。希望在這節當中可以幫你確認，未來的交易型態不再是模糊的樣態。

本節最後，我覺得這是最後一次幫你覆盤整個新布林通道；從 part 3 的觀念、part 4 的實戰、part 5 的心法到最後一章的通透，無一不是再闡述新布林通道的運用。除了擺脫過去傳統布林通道難以辨識的視覺困擾外，更重要的是提供一個完整的自修空間。這樣的學

習空間絕對可以讓你進步神速，前提是你也必須專注的修煉，並找出自己的投資盲點。最後在這節中順過一次完整的邏輯，讓你可以在新布林通道中完成你的交易模組。如果有機會的話，我更歡迎你可以帶著你的問題到「理周教育學苑」現場，相信這樣可以更快速的解決你心中的疑惑。

PART 6 / 01 時間周而復始的運作

　　嚴格說起來,本書從 part 3 開始就進入真正的實戰交易樣態了;所以,如果你閱讀到本章節仍然未感受到新布林通道可以為你帶來的總總優勢,說起來,是我太失敗了!因此,我只繼續再補充或許前面章節新布林可能沒提到的要點,或是你可能在閱讀中產生的困惑點。希望,可以有機會為你解開這個困惑!

　　如何運用新布林通道的訊號當中的「**長線保護短線、短線攻擊作為長線的前鋒**」,看似一段有趣的一句話,卻訴說多少交易者的困擾,特別是身陷在新布林通道的學習者。不用煩惱,這一小節一次解決你的困惑,我先幫你把股票的 K 線算過一次,然後接著我再套用在每個個股上,最後再分析每一檔個股的表現,希望這樣的解說可以幫助你理解這段話「**長線保護短線、短線攻擊作為長線的前鋒**」。

　　股票 K 線數學計算時間開始→日線、60 分、15 分、5 分,這裡共有 4 個 K 線需要重新計算在同一個視窗裡面。part 5 節的最後,我提供了一個練習四宮格畫面,也就是現在我要重新一個個的建立起來。

　　日線→為了能夠掌握一個趨勢段,所以我會建議以 90 天計算,相當於一季的概念,用 90 此數作為我的示意基礎。

　　60 分→同樣是一個區間的表現,一日共有 5 根 K 線,所以我會建議以 330 計算,相當於 66 個交易日的概念,也是一季的意思。故 330 此數作為我的示意基礎。

15 分→速算一下：每日交易時間為 4.5 小時 = 270 分鐘，270 分鐘 / 15 分 K 線 = 18 根 K 線；為了抓取一個月的時間，所以計算結果為 18 根 K 線 ×22 個交易日 = 396 根 K 線。以 396 此數作為我的示意基礎。

5 分→繼續算一下：一日共有 270 分鐘，換算 270 分鐘 / 5 分 K 線 = 54 根 K 線；同樣為了抓取一週的時間。所以計算的結果為 54 根 K 線 ×5 個交易日 = 270 根 K 線。以 270 此數作為我的示意基礎，等等我與你一起來看看在四宮格下的四個案例示意。

【範例一】：2330 台積電，一次套用日、60 分、15 分、5 分

- 波段交易

　　當然要看的就是日線、60 分線的結構。我剛剛提到的長線保護短線，同樣的也可以套用在新布林訊號上。日線 2025/01/13 台積電已出現了新布林向下的賣出訊號，60 分線則於 2025/01/08 上午 10:00 時便出現了賣出的訊號，這即是呼應了短線攻擊作為長線的前鋒，足足快了有 4 個交易日，而當短線訊號失去了長線保護短線的基礎條件下，於短期間就容易陷入震盪及下跌的風險。至於何時才能回到繼續向上攻擊，則需要等待日線新布林的買盤訊號出現。當然這一切的抉擇端看你想持有台積電的時間有多長。一般來說，採用日線的布林作依據不外乎是持有一季的時間，如果你同時加上大勢力線的輔助，那麼會更容易在波段操作中穩操勝算。

- 短線交易

　　此刻你要看的是 15 分 K 線、5 分 K 線及布林於此期間的運行結構。前面我規劃了 15 分 K 線，其投資期程為一個月再加上 5 分 K 線期程為一週的交易日；其目的同樣是為了形成長線保護短線的結構，此刻你會發現 2025/01/07 上午 11:00 時有新布林賣出的訊號。那麼這又比 60 分 K 線的反應快了足足有一個交易日的時間！這邊先回應一下剛剛的波段交易；也就是越短的分線，就如同前鋒一樣，可以即早產生在新布林的訊號當中。

接著我還是要回頭談一短線交易，誠如我剛剛所提，這是比較偏向一週交易至一個月的交易模組。由於 15 分 K 線擁有的是一個月的資訊，而 5 分 K 線圖僅擁有一週的資訊，所以，我們可以從 5 分 K 線看起。2025/02/12 上午 11:45 新布林出現賣出訊號，而 15 分 K 線則於 2025/02/11 上午 11:00 時即已出現賣出訊號，這便代表 2330 台積電自 2025/02/11 上午 11:00 無力保護短線，一個月內當中的一週多頭表現，順勢的於 2025/02/11 上午 11:00 開始一波向下的跌勢。當然你也可以認真的看 5 分 K 線於 2025/02/11 上午 09:25 即發生預告，新布林將於未來發生下跌情勢，這其實就是「長線保護短線、短線攻擊作為長線的前鋒」的完整表現。而你要在短線交易中不斷的練習，就是在 5 分 K 線及 15 分 K 線中找到每一次的轉折點。在這裡請容許我幫助你回復記憶，在下降的趨勢線當中，布林的轉換是相當快速且短暫的。換言之，在該檔個股尚未突破長線布林訊號的收盤價格時，其實可以忍耐一下，別急著換邊操作。畢竟，一個小趨勢也都需要時間來消化股價波動中造成的不安結構，多一點時間的觀察與練習，你便可找到當中真正的轉換點。

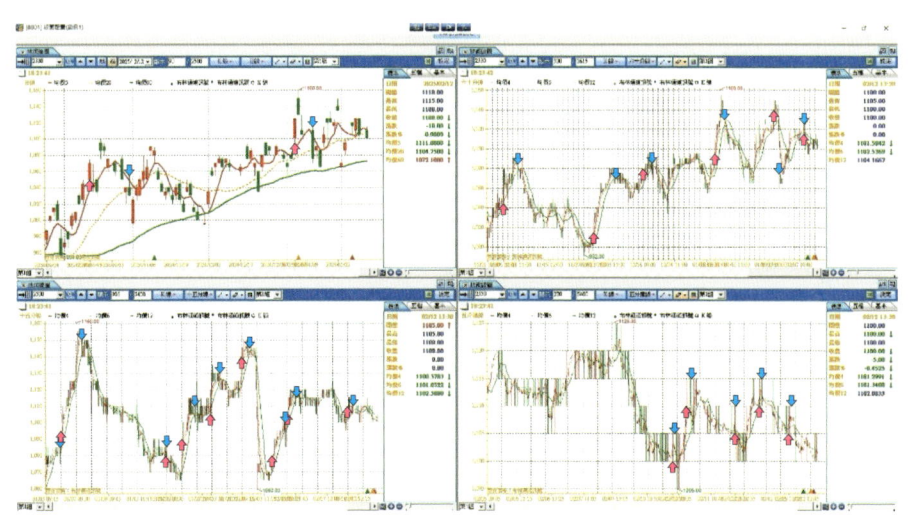

圖 6-1 2330 台積電四宮格，60 分、15 分、5 分。

【範例二】：2454 聯發科，一次套用日、60 分、15 分、5 分

- 波段交易

　　日線當中的 2454 聯發科，於 2025/01/13 當日新布林訊號已發生賣出訊號，收盤價位為 1,390 元；而 60 分線則於 2025/01/09 上午 10:00 即發生賣出訊號，這是前鋒提前預告的訊息。接著可以看到 2025/01/13 當天股價收在最低 1,390 元，但事實是這個波段的最低點嗎？答案並不是，而是 2025/01/14 上午 10:00 股價來到 1,380 元的最低價格，隨即向上拉升了股價。當然，以 2025/02/12 的收盤價格來看為 1,485 元，你如果持續的續抱該股，似乎有可能會造成你的虧損，約有 105 元。但也請你別忘記了，你若是波段操作的交易者，應該要有更大波幅的交易思維。以這個案例來看，我們一樣用數學來解題吧！（1485 元－ 1380 元）/ 1380 元 = 0.076，跌幅為 7.6%。就一個波段交易者來看，這樣的波動不算是相當驚人，並且這檔個股的股性相較於台積電原本就高出許多，你應該能理解在選股時，就應有一段期間的反覆觀察才對，特別是作為一位波段的交易者。當然，每次的訊號出現時都會有一定的交易風險；所以，你也應該有一套停損的機制才對。剛剛的台積電案例中，我提到當布林訊號出現賣點，而股價卻於 60 分 K 線發生了買點的訊號時，你只要觀察短線的收盤價位是否超過了日線的收盤價位。倘若有超過該價位時，那麼便是一個停損的交易點。

　　這個案例我想用經驗分享給你，現在的你確實看到了在 2025/02/12 時的收盤價格 1,485 元的確超過了布林訊號的賣點價位 1,380 元，不過這是波段操作，所以，你更需要時間的驗證。也許發行本書時，2454 聯發科股價已低於 1,380 元了。千萬也不要養成凹單的交易，在此特別要提醒你，若至本書校稿及印刷期間有發生布林的買入訊號，請你就真的不要再凹單交易了。畢竟，凹單風險真的蠻高的！對於我是當沖型的交易者來說，長痛不如短痛；一次的交易錯誤真的不算是什麼，能夠持續不斷的累計總資產才是最重要的工作。

- 短線交易

　　一樣用 5 分 K 線回看，2025/02/12 上午 10:05 布林發出了賣出的訊號，回頭看一下 15 分 K 線，2025/02/12 上午 10:45 也在此刻發出賣出訊號棄守，一個長線的訊號賣出棄守，同時也完整的帶來其股價的重挫，從 1,530 元跌至 1,485 元。換算一下（1530 元 － 1485 元）／ 1530 元 ＝ 0.029，跌幅為 2.9%。這個時間相當短，前後不過 40 分鐘就損失了 45,000 元。想想你在短線市場當沖交易真的會比較好嗎？認真說，若要具備短線交易的條件是蠻多樣的，但最基本的就是要勇敢停損，這件事是很多當沖交易者無法做好的。特別是你的投資標的物為股票時，更是不容易，因為你還要學會融券的交易。有關這個部分，在我年輕時有親身的經歷—跌入地獄，所以一直都不鼓勵融資、融券交易。相反的，與其這麼複雜的交易型態，還不如進行指數期貨交易更為簡單。另外分享給你的是，經過幾十年的市場變化，台灣證券交易所核准的交易商品那麼多，你千萬不要尋找這麼複雜的投資標的物。簡單一點、輕鬆一點進行交易，過來人的真誠建議。

圖 6-2　2454 聯發科四宮格，60 分、15 分、5 分。

【範例三】：6491 晶碩光學，一次套用日、60 分、15 分、5 分

- 波段交易

　　每一檔股票都有其股性，接著看 6491 經碩光電 60 分 K 線，布林訊號發生賣出的訊號為 2025/01/09，當時的收盤價位為 363 元，截止 2025/02/12 也經歷過了將近 1 個月。同樣的一起看 60 分 K 線，2025/01/06 下午 13:00 即發生布林賣出訊號，向下展開一波跌勢。在這個四宮格的圖像內，我反而要在這個案例中告訴你一件事，那就是時間軸。我剛剛提過的該檔個股從 2025/01/09~2025/02/12 期間都未跌破布林發生賣點的價位。換言之，我個人會認為波段的買點機會即將伴隨布林買入的訊號而發生，同樣的，你可以在本書發行後檢視。這不是預言，而是我對該檔個股的股性判斷；當然，停損的工作也不要忘記了，期間若出現下降跌破布林的賣出價位時，該砍就砍，千萬別手軟。另外，如果你計算過現況的波動率還能接受的前提下，續保此檔股票也不是什麼大問題。

（備註：算一下（363 元 − 380.5 元）/ 363 元 = 0.047，相當於波動了 4.7%。另外，這檔股票目前有符合我所提過的低基期型態，所以這也是我看好下一個布林買入訊號的重點之一。）

- 短線交易

　　回推一樣比較容易解釋。5 分 K 線布林賣出訊號為 2025/02/22 上午 09:55，15 分 K 線布林賣出訊號為同日上午 11:00，時間前後相去不遠。在長線無法保護短線訊號的情況下，最終下跌低於布林賣出訊號坐收。但是這個案例我希望你可以往前再推一個買入訊號來觀察，5 分 K 線於 2012/02/22 上午 09:05 即發生了買入的訊號，價位為 380 元，而 15 分 K 線於同日上午 09:15 發生布林買入訊號，最終收盤價位為 388.5 元。仔細觀察一下兩件重點，一是當你要短線買入個股時，要特別留意新布林訊號並非是在收盤價格確認後才會出現，而是正在發生的過程中就會出現買入訊號。以這個案例來說，5 分 K 線作為前鋒提醒了你，所以在 15 分 K 線

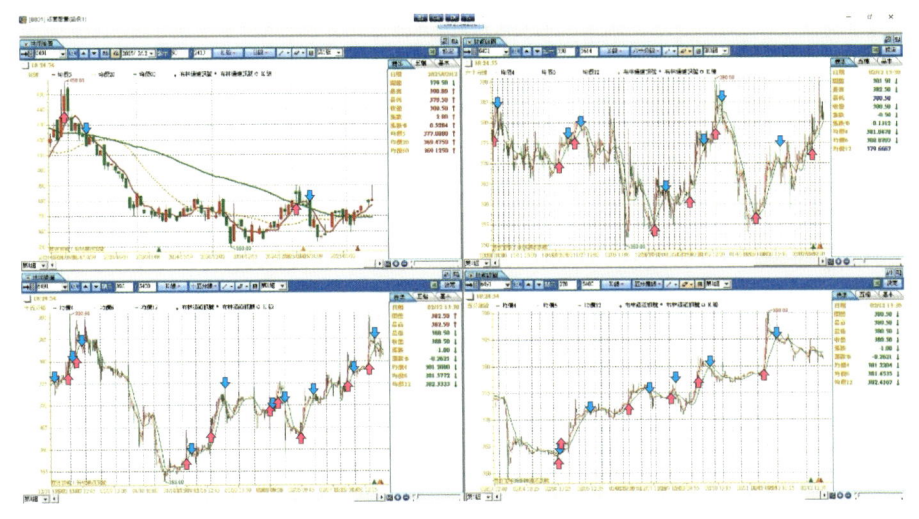

圖 6-3 6491 晶碩光學四宮格，60 分、15 分、5 分。

是非常有機會發生買入訊號的。當然，這就需要盯盤才能交易了。另一個重點是由右往左數第三根 K 線，不論是 5 分 K 線與 15 分 K 線都是數第三根，這第三根 K 線與第二根 K 線都有了一定的時間軸，消化了短線交易者的賣壓。也就是線型結構上已屬偏多型態，所以伴隨而來的布林訊號買點的出現也就成為必然了。更簡單一點來說，就是賣出訊號後經過一段時間的交易消化，若股價未能創下小趨勢波段的新低，那麼迎來的就是布林買多的訊號。

【範例四】：2002 中鋼，一次套用日、60 分、15 分、5 分

- 波段交易

　　這檔個股為傳統產業，由 60 分 K 線來看，布林賣出訊號發生在 2024/10/16，當日收盤價位 22.15 元，算是這四個案例當中最特別的案例，但仍舊有其學習重點。請你注意看 10/17～11/06 期間的股價波動樣態，並於 2024/11/06 創下收盤 23.10 元的高點價位後才開始往下墜落。而正式跌破布林賣出的訊號為 2024/11/21，這一天收盤價位才能算是正式跌

破。有趣之處是布林同樣已經為你做了賣出訊號的預告，股價最低時間為 2025/01/13 跌至 17.85 元。換言之，數學算一下，（22.15 元 － 17.85 元）／ 17.85 元 = 0.194，那麼也就是享有 19.4% 的獲利。而這個案例也呼應了 2454 聯發科波段交易與 6491 晶碩光電短線交易，兩種股性與交易模式不同你所需要的交易一時間軸；你需要等待一下，同時要懂得停損你的交易，並且要保有耐心的等待最佳布林買入訊號。

另外，在這個案例中，為了不要更改四宮格的顯示數字，60 分 K 線我並未多提的原因是，自 2024/10/16 日線即發生了布林賣出訊號，那麼 60 分 K 線期間可以確定的一定會有布林買入訊號。但由於日線的棄守，當然可以多觀察所謂的股價波動率，如果真的覺得波動太大扛不住，不要勉強，你是可以停損的。當然若你還是當成一個短線的交易型態，那麼受到損害的機會一定會比一般人多出許多。這個案例就是因為 60 分 K 不停的往下探底，所以尷尬得不知道該如何解釋。還是補充一下未來 2002 中鋼的走勢好了，2025/02/03 布林訊號發生了賣出訊號，我的建議同樣是短線如未跌波段最低價位，都是很好的買入機會。當然，你可能想哪個價位最好，不要買到最低，買到越靠近越好。這麼說，你可以分批買在 17.85～20.35 之間，其中一價位靠近 19.95 元，另一個就近可能靠近 17.85 元。買不到也不要硬買，畢竟最低點的價位通常也是主力（三大法人）做出來的價位，真的是很難買到的，不要勉強買入。有持有才有機會，但也不需要 ALL-IN 沒規則性的交易。

- 短線交易

我不能確定你是否有觀察到一個重點，我想提早告訴你，中鋼這檔短線交易部分其實與其他四個案例都是相仿的。但我想請你回頭看一下，在股票上的短線交易線圖，同時以我設定的 K 線示意數字來看，不論在 5 分 K 線或 15 分 K 線當中，這四檔股票都發生了一區間狀態，15 分 K 線的布林訊號相較 5 分 K 線訊號多出許多；因此你是可以調整示意圖內的數值，只要記住儘可能的規則化，除非你已經十分熟悉分時 K 線彼此對

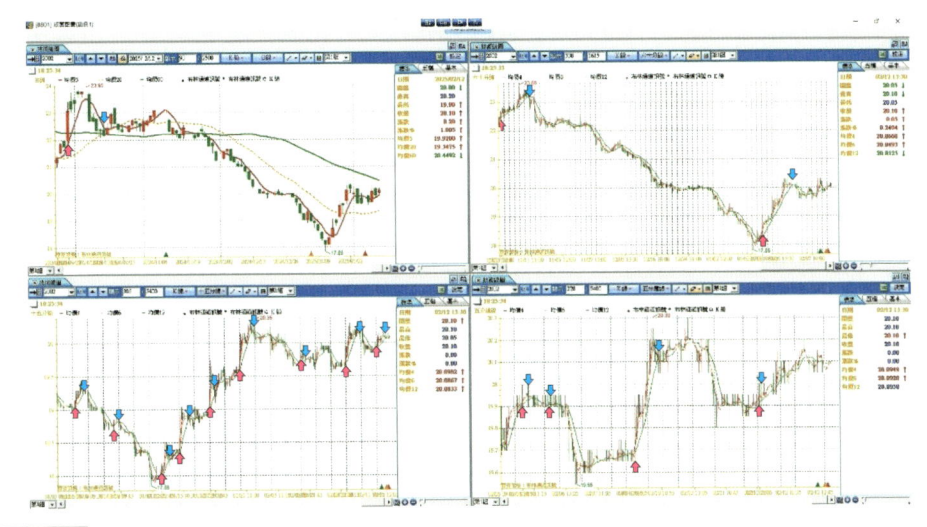

圖 6-4　2002 中鋼四宮格，60 分、15 分、5 分。

應的關係了。再回頭來說，5 分 K 線其趨勢都會有一段可以輕鬆交易的布林訊號，所以妥善運用這個訊號並回頭對應 15 分 K 線，相信會比較容易完成輕鬆交易這件事。

　　股票看完了，接著當然是用期貨也看一次，一樣先把需要的 K 線參數算過一次。這邊要提醒大家，期貨市場因為有早盤及夜盤，所以我就算早盤數字給大家做案例，夜盤部分請各位要自己練習好嗎？同時，我也會調整四宮格的示意數值，請務必留意！

　　日線→由於台灣指數期貨基本上為每月結算一次，所以在日線上我會建議以 22 天計算，相當於一個月的概念，用 22 此數作為我的示意基礎。如果你找不到一組完整的布林買入、賣出訊號，則請你要自行動態調整示意數值，交易關鍵仍是布林通道參數所帶出的買入、賣出訊號，請記住。

　　60 分→同樣是一個區間的表現，一日共有 5 根 K 線，所以我會建議以 110 計算，相當於 22 個交易日的概念，也是一個月的意思。故 110 此數作為我的示意基礎。

5 分→速算一下，每日早盤交易時間為 5 小時＝ 300 分鐘，300 分鐘 / 5 分 K 線＝ 60 根 K 線。為了抓取一週的時間，所以計算結果為 60 根 K 線 ×5 個交易日＝ 300 根 K 線。以 300 此數作為我的示意基礎。

1 分→繼續算一下，一日共有 300 分鐘，換算 300 分鐘 / 1 分 K 線＝ 300 根 K 線；同樣為了抓取 1.5 天的時間。所以計算的結果為 300 根 K 線 ×1.5 個交易日＝ 450 根 K 線。以 450 此數作為我的示意基礎，接下來就一起來看看在四宮格下的案例示意：

【TXF8 台灣 2025/02 指數期貨】

這個案例是台灣 2025 年 2 月的指數期貨，我想一般人在期貨市場裡大多是短線或極短線的交易型態，所以便捨去的 15 分 K 線，僅保留日線、60 分 K 線及 5 分 K 線，新增 1 分 K 線，主要還是為了因應短線交易及極短線交易者運用。

其中，日線及 60 分線在布林發生買入、賣出訊號時，可供你作為一個趨勢的判斷值。但由於期貨屬於保證金的交易模式，所以可以容許的波動值是有限的，因此你不能將日線及 60 分線的布林通道訊號作為關鍵的交易點，而只是可以參考，但實際交易應該運用 5 分 K 線及 1 分 K 線布林訊號作為交易決策點。

這個案例，我們一起看看 2025/02/12 當日的結果，在這一天當中布林通道給你什麼買入、賣出訊息。學習就是先做功課，統計一下，5 分 K 線的值為 6 及 1 分 K 的值為 6 時，用結果論來討論你應該會唾棄這兩個布林 1 ＋ 5 分 K 線訊號，因為讓你等待了一整個上午才出現一個布林的買點，十分令人沮喪。當然你若接著看夜盤就不會沮喪了，姑且不論結局是什麼，對於當沖的交易者來說，這是很痛苦的事。當日沒收益是件很苦惱的事，很幸運的每次我在做案例時，總是會有機會告訴你。其實，你不要忘了布林參數值是可以調整的，所以總共準備了 5 分＋ 1 分值為 6 及

圖 6-5 TXF8 台灣指數期貨四宮格，5 分、1 分，分值 6。

圖 6-6 TXF8 台灣指數期貨四宮格，5 分、1 分，分值 12。

12的對照圖,請耐心繼續努力做功課。此刻5分K線一共提供給你1次的買入＋1次的賣出訊號,而1分K線則提供給你4次賣出＋3次買入訊號。

那麼真相大白了,你還是要隨時懂得調整你的作戰中心當中的監控系統,這樣才不會錯失了可以當沖、可以交易的任何一個訊號買入或賣出。

總結一下這小節重點;股票的交易結構與期貨交易結構是不同的,在股票當中可以有波段交易及短線交易,但在期貨當中大多以當沖交易為重點,唯獨例外的是你的交易總金額相當高,需要分批波段的進行布局,否則仍舊是以當沖為交易核心。有關大額的期貨交易部分,有機會會在臉書上與大家分享,這邊就以大眾交易為核心分享。

最後再分類一下,這兩項投資商品你應該如何學習呢?股票部分以該檔股票在布林表現的股性訊號為核心交易;期貨則比較單純,單看你想要做哪一段交易都可以,如以5分K線為基準或1分線為基準都可以。

PS:有關期貨的波動性大,若你為新手,建議可以從微台指進階到小台指,最後再到大台指交易。

整理一張股票及期貨的示意值[註1]表格給你當成工具參考運用,如下。

表 6-1 股票及期貨示意值的參數

參數 \ K線	日K線	60分K線	15分K線	5分K線
股票			
示意值	90	330	396	270
布林參數值	20	6	(6)OR(12)	(6)OR(12)

參數 \ K線	日K線	60分K線	5分K線	1分K線
期貨			
示意值	22	110	300	450
布林參數值	20	12	(6)OR(12)	(6)OR(12)

資料來源:作者提供

圖 6-7　示意值的關聯位置＝顯示的欄位（左側為示意值／右側為 K 線資料總值）。

小結

1. 運用布林通道結合長短線策略。
2. 選擇合適的時間範圍進行交易。
3. 短線交易中的風險控制。
4. 注意股市波動的節奏。
5. 避免過於複雜的交易策略。
6. 學會觀察市場情緒。
7. 持續學習與實踐。

註1：
示意值，意思是說明你可以在系統當中設定這個呈現的畫面，主要的用意是經由示意值可以讓你有時間軸的交易概念，同時可以看出投資標的物在一個約定 K 線中呈現的完整圖像。

PART 6 / 02　從輕鬆交易到舒服交易，最後進入自由交易

　　擁有了頂尖監空系統，當然接續的即是將所有的交易模組導入為自由交易的狀態，讓輕鬆交易變成一個自由的交易。也就是在這一小節裡，我們要切分每個訊號所帶來的交易空間，而在每個訊號與訊號發生的過程中，你都可以進行投資或交易。千萬不要覺得只有訊號發生當下才能進行交易，每個機會點都存在著潛報酬及獲利。重要的是，心境能夠輕鬆接著交易才會舒服。這一小節會有每位投資人未來都需要必備的自由交易工具分享。

　　為了要提供你容易辨識的示意圖，所以就以「MXF8 台灣小台指數」作為本節的第一個範例。在上一節中，提到的 1 分 K 線布林提供給你 4 次賣出＋3 次買入訊號。換言之，如果你是採用極短線交易，以布林提供給你的交易訊號，最終可以帶來的結果是好的，讓你在極短線的過程中可以享有每一段的報酬。

圖 6-8　MXF8 台灣指數期貨 1 分。

　　接著是 5 分 K 線在當日上午，布林通道僅提供了一次的買入與賣出訊號，也許你可能錯過了第一次的買入訊號，但其布林訊號賣出的過程中，便也代表著一個趨勢，也就是在還沒有出現買入訊號前，都是一個向下的發展趨勢。記住，你要懂得停損。也許你的進入點位並不是十分理想，不過那也不影響你可以參與本次的交易，只要你能遵守停損的交易模組，你仍然有很不錯的獲利。雖然，這長波段讓你等許久才出現布林買入的訊號，但卻帶來相當大的交易收益，說起來也是一次頗具價值的等待。

圖 6-9　MXF8 台灣指數期貨 1 分。

　　在這小節當中要談的就是輕鬆與舒服的進行交易，傳統的布林通道提供了上軌道與下軌道，另外就是中軌，一個區分多、空的分界點；運用了 K 線超值標準值來判定買入、賣出，我相信對許多人來說，是不易就手的技術分析工具。既然要談輕鬆與舒服，為何不好好的運用新布林通道所帶出的買入、賣出訊號做最佳的交易模組。我相信專職的交易者，並非十分的多；因此，我整理了這麼多資訊的重點就是要讓你能夠輕鬆交易，不要再透過難以辨識的線型結構去阻礙你研判投資標的物的走勢，造成你不必要的交易負擔。投資到最後就是定型化的交易模組，而在你每次的交易抉擇當下做好停損的機制，那麼有了新布林通道成為你戰情中心的監控系統，不也能成就你日後進入自由交易的起點。

　　自由交易又是什麼？這點你一定很好奇吧！說穿了也不是什麼驚人之舉，而是我自己的深刻體驗！雖然目前的我可以舒服的進行股票及期貨的交易，不過現在仍然困擾的是盯盤這件事。等候投資標的物的布林通道買入、賣出的訊號，確實要蠻有耐心的，當然誠如我所說的，可以在布林訊號發生後隨時進場交易，而經常的交易經驗裡，特別是期貨的滑價速度

蠻快的，時有發生手殘的狀況，形成收益降低情事。因此，未來勢必也要加入自動化程式交易的行列來提高收益，並且我也相信這是每一位交易者最後都得完成的系統。期盼在未來我也有會機會與你一起分享自動化程式交易系統，讓我們一起更加倍自由愉快！

小結

1. 靈活運用布林通道訊號。
2. 懂得停損，減少風險。
3. 運用新布林通道提升交易效率。
4. 建立定型化的交易模組。
5. 進入自由交易的階段。
6. 考慮自動化程式交易。
7. 心態調整，保持輕鬆與舒服。

PART
6 / 03

你看得見未來自然光明洞徹

　　你所選擇的投資標的物，其未來走勢，相信都是大家所關心的議題！市場的走勢，基本上可以建構為一個長線趨勢＋短線的交易趨勢線；在本節裡，我想把你的投資模組再次劃分一次，特別是時間軸的觀念，需搭配長線＋短線的布林通道訊號進行操作模組優化。

　　在股票市場，長線的布林通道訊號確實可以很容易的引導你在好的超賣區進行買入該檔個股，亦或在個股超買區時進行賣出個股。不過台灣投資市場的投資，大多是以多頭操作為準，所以呢？你更要學好學滿的是當股價進入超賣區時，布林通道買入的訊號發生時，一般來說，買入該檔個股都不會有太大的虧損情況。換言之，你若套用了新布林通道買賣中值的參數後，觀察一段時間，熟悉一下該檔個股的股性後，就可以完全掌握了該股票的波段發展趨勢，這絕對不是一件很困難的事。附帶一個外加的條件，即為該檔個股進入低基期型態時，即可輕鬆舒服的進場，享受一場愉快的獲利。當然，還有幾種狀況在此也分享給你；股票在運行的過程中，有分為初升段、中升段及末升段這三個時期；換言之，低基期的股價是發生在初升段之前，此刻的布林通道訊號將會按照你的股票特性進行波動。普遍的狀況是這樣的，股價走向下趨勢段時布林的訊號轉換較快，反之，股價走向上升趨勢段時布林的訊號轉換較慢，都會維持一段較長的時程。所以，你還要善用這兩個關鍵條件，即時間軸加上低基期的股票型態，透過這三個要件來進行買入的交易，進而享受最佳又輕鬆愉快的收益。若你的交易是比較偏向短線的，那麼要多留意股價處在初升段、中升段或末升

段，每一檔股票的布林訊號呈現狀態會有所不同。萬一你還是沒辦法條理得很清楚，建議你可以往返的看我為你整理的四檔股票，都是十分具有代表性，千萬不要錯過。

　　由於在台灣的期貨市場採用現貨加權指數對應指數期貨，從早期的上市櫃公司幾百家到目前約莫1,700餘家來看，市值原本就會不斷的向上提高，所以不出意外的意外，指數期貨將會一直屢創新高，這是以年的角度來看這件事。當然，若台灣有發生重大的經濟風暴，甚或戰爭乙事，這才可能會發生產業的市值大幅縮水，進而影響指數期貨的發展。沒人可以預測未來，你只要能明白這其中的連動關係即可；亦或多多閱讀相關投資理財資訊、產業發展訊息……等等，相信對於未來的指數與現貨之間的連動或彼此間的牽動會有更深刻的體認。還是回到指數期貨與布林通道訊號這件事上，由於期貨市場與現貨市場的連動關係，所以現貨的走勢及發展也在在的影響期貨指數的運行；由於，台灣市場其實是一處充滿投機氛圍的環境，所以透過期貨交易的人不外乎希望能夠透過小小的投資金額產生高額收益。這很正常，包括我也是這樣的投機分子，自始自終從不否認過；但我用了這套邏輯性的新布林通道交易規則，目前已經可以穩健的為我創造每一次的交易獲利機會，同時我也並非僅是單純的期貨交易者，而是在我每次的獲利後都將獲利出金轉向股票進行存股計畫。因此，在不久的將來，我也相信會在財富自由國度裡與你相遇。

　　因為我特別愛好指數期貨交易，所以還想做很多補充，希望可以讓你具象的看見每日的期貨走勢。簡單來說一下，雖然你每天可能運用5分K線或1分K線進行布林訊號交易，但你一定要特別、特別、特別的關注日K線的走勢。日K線的走勢，代表的是三大法人的交易動向，當然不可以套用布林訊號作為判斷。而日K線的動向為何那麼重要？主要的因素是三大法人的期貨交易口數是相當驚人的，也就是主力的能量是扭轉一個局勢的關鍵力量，你也必須修好日K線的動向觀察，果斷的停損、停利是確保你穩健收益的基礎。唯有每天蹭著主力的能量，才能天天享有穩定的獲利。當然你要選擇1分K線或是5分K線搭配日K線進行當沖

交易，都會有很好的報酬。

　　總結一下：

1. 長線＋短線的互補模組要熟悉其運行結構，並養成進場交易時即訂下停損、停利點。
2. 時間軸的運行是搭配著投資標的物的型態轉換。
3. 低基期進場買入股票會是最輕鬆的模式。
4. 股票就是現貨市場其整體表現將會影響指數期貨的表現。
5. 妥善將上述四點要件邏輯組合，再搭配合宜的新布林通道買賣點參數，你將無往不利！同時，任何投資標的物的走向，也將具象的呈現在你腦海裡。

　　你一定要習慣養成具象王者投資人，而不是亡者交易人，修正你的交易模組，優化至最穩定的交易模組，終將開啟你的王者之路。

小結

- 學習要件再歸納一次：
    1. 長短線互補策略：結合長期與短期布林通道訊號，並設定停損與停利點。
    2. 低基期進場：選擇處於初升段的低基期股票進場，獲利潛力更大。
    3. 現貨與期貨連動：理解現貨市場走勢對期貨市場的影響，提升預測能力。
    4. 日K線觀察：重視日K線走勢，特別是在期貨交易中，與布林通道訊號配合使用。
    5. 穩定交易模組：根據上述策略不斷優化交易模組，實現穩定獲利。

PART 6 / 04 最後一次覆盤你的新布林交易

　　本章節最後，我覺得這是最後幫你覆盤一次整個新布林通道；從 Part 3 的觀念、Part 4 的實戰、Part 5 的心法及最後一章的通透，無一不是再闡述一個新布林通道的運用。除了可以擺脫過去傳統布林通道難以辨識的視覺困擾外，更重要的是提供一個完整的自修空間。這樣的學習空間絕對可以讓你進步神速，前提是你也必須專注的修煉，並找出自己的投資盲點。最後在這節中順過一次完整的邏輯，讓你可以在新布林通道中完整你的交易模組。如果有機會的話，我更歡迎你可以帶著你的問題到「理周教育學苑」現場，相信這樣我可以更快速的解決你心中的疑惑。

　　今天，即便你是一位完全不懂如何交易的投資人，只要你能按部就班的從我提供給你的學習曲線一步一腳印的操作及練習，雖然有些過程你可能面臨卡關的狀況，但請不要心急，很多時候是你的心靜不下來，就如同我上課常常跟同學提到的，如果在學習的過程中，你又要看手機簡訊，甚或是一邊聊天……等等，那麼真的不要花錢來上課，這樣是浪費了你辛苦賺來的錢。既然花錢了，就專注把這個學習時間交給我，我相信你一定會有所收穫。雖然一本書花不了多少錢，但也請你務必專心的研讀，沒錯，就是研讀！雖然我沒義務一定要強迫你學習，但這是我很用心的找到一個讓投資人快速學習的捷徑。儘管是捷徑，但仍需修煉，並非一蹴可得！也許市場上有許多技術分析工具等等，號稱或宣稱可以多麼快速的讓你即刻致富，但我仍希望你可以踏實的將這套新布林通道學好，我真是太害怕失傳了。也希望你可以感受我期盼的心，有多麼炙熱的希望你也可以成功。

如果你在實戰中有任何問題，可以透過臉書留下 Messenger 給我，歡迎搜尋「零股大勢力，張琨琳狂想」。這邊我備註一下，你的問題我一定會回覆，若是你沒有完整的提問，其實我的回答也是很簡短的，因為問題不夠明確。同時也請你千萬也不要覺得我的答覆之於你的問題太過簡單，請相信我還是會盡力的，就看你的問題具不具體。若是我才疏學淺，請多見諒我的理解能力有限，所答之內容也會有所限制。

這本書我順過很多次，特別是從觀念開始談起這脫胎換骨的新布林通道，再經由實戰中心的建置及規劃，加上多個範例通盤整理成為實戰心法，細細的品嚐可以為你建構一套初階的具象藍圖。沒有什麼神話般的交易，更沒有天花亂墜的技巧，這一切的刻畫心路歷程，就只有一個希望，為了讓你可以預見每個投資標的物的具象藍圖。萬事拜託，請你下足功夫堅持演練，一定可以讓你不再飽受交易困擾，早日登上彼岸！

小結

1. 專注學習與修煉。
2. 循序漸進的學習曲線。
3. 不急於求成。
4. 實戰中的反覆練習與優化。
5. 避免快速致富的迷思。
6. 具體提問與交流。

結語

　　AI 時代來臨,即將進入自由交易情境,於此我正準備與規劃一個符合交易人需求的平台,希望在平台建置完成前,大家都能先建立亦或是說練好一個合適自己的交易模組,待我完成時,將第一時間透過臉書《零股大勢力—張琨琳狂想》與大家分享。最後希望你與我一起精進地表最強新布林通道,展開財富自由之路,享受舒服、輕鬆又自在的人生。

尾聲

　　本書寫到尾聲，同樣要感謝的人太多，無法一一述說心中的感激之意，簡單致意參與本書的友人；最重要的亦師亦友財經傳訊總編輯方宗廉總編。我知道這本書整整欠了你兩年，還有一本會隨即開拔寫作。真的很感謝你的耐心與信任，我才能順利先完成手稿，還要忍受我春上村樹的寫作方式，外星人的用語；語意不清是我的缺點，還好在你同步的指導下，我可以回到地球清晰的表達這本書的重點，不致造成誤人子弟的情事，感恩的心加上詞窮的文字表達，希望你可以感受到我由衷的感謝之意。

　　接下來是我的寫作旅程，一路走來，我的人生相當幸運，有很多逆境菩薩及貴人才能造就我完成人生的第三本書。過程中，我曾經花了相當多的時間，打造了台灣第一個股東會 DIY 以物易物的兌換平台，於此期間也發行了「零股獲利術」、「第一本股東會攻略」兩本書。雖然，2025 年我暫停了這個活動；其主要的原因是為了想將更多的投資理財知識傳遞出去，正因為如此，有捨有得暫別一手創建的平台，才能讓我更快速的完成這第三本作品。但補充一下，並非我就此放棄了這個志業；反而是寫作讓我有了優先次序做好最妥善的規劃。

　　未來我會更加倍速度的努力寫作，並創造豐富的平台系統來回饋這個社會。雖我微薄之力並不一定能立即做到最完美，但一份堅持的心意，希望有機會可以與任何一位投資人分享我每一次的創作。

此外，我並不是多麼出色的投資者，也沒有出神入化的投資神技，我擁有的就是一個踏實的操作規則，同時也是很單純的想分享很多交易經驗給大家；於此，也才會有這麼多的朋友們支持我堅持至今。最後是本書的期盼，未來有機會可以與大家一起打造一處新布林通道聖殿！……屆時邀請大家一起聚會暢談每一位新布林高手的頂尖交易模組。

番外篇

有不少粉絲朋友問我,【狂想世界】是為何意?

狂是為躁動,

想是為思靜。

在我的投資世界裡,【狂與想】即【動與靜】的表現,亦是【陽與陰】的融合;要做到合而為一,確實煞費我不少功夫,也是我持續修行的要件,這簡單的二字就是這個意涵,簡單番外篇補充說明,謝謝你的耐心閱讀,再三感謝!

台灣廣廈 國際出版集團
Taiwan Mansion International Group

國家圖書館出版品預行編目（CIP）資料

布林通道實戰入門：地表最強控盤工具！98%股市勝率！手
把手教你從標的選擇、參數設定到自由交易完整攻略，實現
財務自由終極目標 / 張琨琳 著. -- 初版. -- 新北市：財經傳訊,
2025.05
    面；　公分. --（View;79）
ISBN 978-626-7197-28-8（平裝）
1.CST: 股票投資　2.CST: 投資技術　3.CST: 投資分析

563.53　　　　　　　　　　　　　　　　112010209

財經傳訊
TIME & MONEY

布林通道實戰入門：
地表最強控盤工具！98%股市勝率！手把手教你從標的選擇、參數設定到
自由交易完整攻略，實現財務自由終極目標

作　　　者／張琨琳	編 輯 中 心／第五編輯室
	編 輯 長／方宗廉
	封 面 設 計／張天薪
	製版・印刷・裝訂／東豪・弼聖・秉成

行企研發中心總監／陳冠蒨	線上學習中心總監／陳冠蒨
媒體公關組／陳柔彣	企製開發組／張哲剛
綜合業務組／何欣穎	

發 行 人／江媛珍
法 律 顧 問／第一國際法律事務所 余淑杏律師・北辰著作權事務所 蕭雄淋律師
出　　　版／台灣廣廈有聲圖書有限公司
　　　　　　地址：新北市235中和區中山路二段359巷7號2樓
　　　　　　電話：（886）2-2225-5777・傳真：（886）2-2225-8052

代理印務・全球總經銷／知遠文化事業有限公司
　　　　　　　　　　地址：新北市222深坑區北深路三段155巷25號5樓
　　　　　　　　　　電話：（886）2-2664-8800・傳真：（886）2-2664-8801
郵 政 劃 撥／劃撥帳號：18836722
　　　　　　劃撥戶名：知遠文化事業有限公司（※ 單次購書金額未達1000元，請另付70元郵資。）

■出版日期：2025年5月
ISBN：978-626-7197-28-8　　　　　版權所有，未經同意不得重製、轉載、翻印。